自分という壁

自分の心に振り回されない
29の方法

大愚元勝

アスコム

はじめに

初めまして、大愚元勝と申します。私は、愛知県小牧市にある佛心宗大叢山福厳寺で住職を務めるかたわら、YouTubeなどを通じて、多くの方々からのお悩み相談を受ける日々を送っております。

「毎日嫌なことばかりでつらい」
「過去の出来事をずっと後悔し続けていて心が苦しい」
「生きているのがしんどい。死んでしまいたい」

私のもとには、このようなお悩みが全国各地から寄せられており、現在は2500人ほどの方々が順番待ちという状況になっています。その数は年々増えるばかりです。

現代に生きる私たちが、いかに生きづらさを感じているか、苦しい思いを抱えて日々を過ごしているか、まさにまざまざと見せつけられている思いがします。

たくさんの方々の悩み、苦しみに触れるなかで、私はあることを強く実感するようになりました。それは、悩みの根源はすべて「同じところ」から始まっているのに、多くの方はそれに気がついていない、ということです。

結論を申し上げますと、心に生じるすべての苦しみは「あなたの頭の中の妄想」から生まれています。じつは、そこに他人は関係ありません。

すると、次のように反論される方が出てくるかもしれません。

「違います！　この苦しみは職場の嫌な上司のせいなんです」
「不倫をしているのは夫なのに、なぜ私が悪いんですか！」

でも、考えてみてください。「職場の嫌な上司」や「不倫をした夫」は、たんなるきっかけにすぎません。その結果、生じた苦しみや悩みは、すべてあなたの心が出どころになっているのです。

それではどうにもならないじゃないか……。

そう思われるかもしれませんが、ご安心ください。

このようなときに役に立つのが「仏教」です。

誤解されている方もいらっしゃるかもしれませんが、仏教は「お釈迦様（ブッダ）を信じれば救われる」という宗教ではありません。

なお、ブッダとは「真理に目覚めた人」を意味する言葉であり、覚《さと》りを開かれたあとのお釈迦様のことをそのように呼びますが、本書ではお釈迦様のことを「ブッダ」と表現させていただきます。

仏教のテーマはずばり「心」です。自分の心と向き合い、その動きや反応を徹底的に見つめ、感情の移ろいを冷静に分析していくことで、悩みや苦しみを手放し、安定した、おだやかな心を養っていくことを目指しています。

今から2500年以上前に説かれた教えですが、じつに合理的かつ実用的な内容で、現代の私たちでも取り入れられるものばかり。この考え方をうまく利用すれば、どんな悩みや苦しみでも解消することができます。

一筋縄ではいかないような重たい問題であっても、きっと解決の糸口を見つけることができるでしょう。

私自身、ブッダの教えには何度も救われてきました。大きな失敗をして、死んでしまいたいと思ったときや、手掛けていた事業がうまくいかずに窮地に追い込まれてしまったときも、仏教の考え方からヒントを得て自分の心を見つめ直し、何度もピンチを乗り超えることができました。

自分自身の心と向き合い、それを変えていくには勇気が必要です。

詳しくはこれからお伝えしていきますが、妄想や思い込み、他人と比較したくなる気持ちなど、自分のなかにあるさまざまな壁を乗り超えていかなければなりません。

しかし、その壁を取り払い、自分の心としっかり向き合うことができれば、あらゆる悩みや苦しみから解放されることができるのです。

怒り、悲しみ、嫉妬、不安――これらの負の感情は、人間である以上、完全になくすことはできません。

また、ひと口に「怒り」といっても、必要な怒り（持っておくべき怒り）と捨てたほうがよい不要な怒りがあり、それを見極めることも大切です。

あなたを苦しめている不要な感情のことをよく理解し、うまく付き合い、手放していくことができれば、今よりももっと楽に、おだやかな気持ちで毎日を過ごせるようになるでしょう。

それは、自分の「心の壁」を乗り超えていく作業です。簡単にできれば苦労はない、自分には無理だと思うかもしれませんが、そんなことはありません。悩みを解決するための考え方を知り、少しずつでも実践していくことができれば、あなたの心のクセ、思考習慣を変えていくことは充分に可能です。

私のところに相談に来られる方々も、そうやって少しずつ悩みや苦しみを手放していらっしゃいます。

本書では、「心の壁」を乗り超えるための方法を紹介し、みなさんと一緒に練習していきます。仏教の思考法に基づいたお話が中心になりますが、仏教になじみのない方でも理解しやすいように、できるだけわかりやすい言葉や表現を用いました。


人生には、「楽」よりも「苦」のほうが圧倒的に多いものです。

しかし、そのなかにあっても、苦しみとの向き合い方、上手な手放し方を身につけることができれば、楽しい、嬉しい、幸せな気持ちになれる瞬間がどんどん増えていくことでしょう。

本書が、あなたの人生を照らす灯りのひとつとなってくれれば、これほど嬉しいことはありません。

自分という壁　自分の心に振り回されない29の方法　目次

第1章 「悩み」が生まれる場所

第2章 「怒り」の壁の乗り越え方

第3章

「無知」の壁の乗り越え方

第4章

「ほしい」の壁の乗り超え方

第5章 マイナスな感情に溺れる「心のクセ」の直し方

第1章

「悩み」が生まれる場所

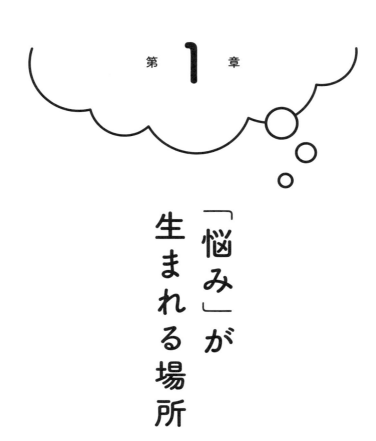

「あれもほしい、これもほしい」があなたの苦しみの原点

みなさんは仏教にどんな印象をお持ちでしょうか？

「南無阿弥陀仏《なむあみだぶつ》という念仏を唱えて、お釈迦様という神様を信じる宗教ですよね？」

このように考えておられる方も、いらっしゃるでしょう。

でも、じつはまったく違います。本来の仏教は神様に祈りを捧げたり、仏にすがったりする宗教ではありません。

冒頭でも少しお話ししましたが、仏教のテーマは「心」です。

自分の内側にある思いを見つめ、誰もが抱えている悩みや苦しみを少しでも減らし、明るく生きられるように努めていくこと――これがブッダの説いた教え、すなわち仏教なのです。

仏教は、神様ありきではなく、自分ありきで成立します。そこが、ほかの宗教と大きく異なる点といえるでしょう。

人間には欲望というものがあり、これが大きくなればなるほど苦しみも大きくなっていくということに、ブッダは気づきました。

「良い学校に入って、良い会社に就職したい」

「良い条件の相手と結婚したい」

「たくさんお金を稼いで、豪邸に住んで豪華な生活をしたい」

現代でいうならば、このような欲望です。

人々は、こういった欲望が満たされると幸せになれると思っています。でも、この欲望には際限がありません。**ひとつ手に入れても、「あれもほしい、これもほしい」とほかのものがほしくなり、ついつい他人と比べ、「もっともっと」ほしくなってしまうからです。**そしてこの「もっと」が、苦しみを増長させるのです。

苦しみの原因を外に求めている限り、苦しみが消えることはなく、ひいては幸せにもなれない――ブッダはそのことを発見したのです。

そして、本当に幸せになりたければ、自分の内側（心）に目を向け、自分の思いを整えていくように努力する必要があると説いたのです。

つまり、「自分の心の壁」を乗り超えていくことができれば、抱えている悩みを手放し、もっとおだやかな心で生きることができるということです。

○ 幸せのヒントは「自分の内側」にある

この「努力」は、私たちが考えている努力とはちょっと違います。私たちは、先ほど述べたような「良い〇〇」を手に入れるために、人よりもたくさんお金を得て経済的に恵まれた生活をするために努力をしている、あるいは「努力をしなさい」と言われて育っている方が多いと思います。

それがすべて間違っているとはいいませんが、このように自分の外側にあるなにかに幸せを求める、それに依存していく生き方は「もっともっと」という苦しみを生むことにつながります。

そうではなく、**仏教では自分の内側を整えて、「心の中にある苦しみを手放すために努力していくこと」を目指しているの**です。

そしてブッダは、その方法、道しるべを示しました。

「人生は一切皆苦《いっさいかいく》。すなわち、すべては苦からスタートするので、それを受け入れるしかない。そのためには、智慧《ちえ》を育てて、抱えている苦しみを手放し、明るく快活に生きていこう。生きることは、苦の連続。どうせ老病死の苦悩から逃れることができないならば、現実を徹底して見つめたうえで、できる限り楽しく生きていこうじゃないか」

わかりやすくいうと、そんなメッセージを残しました。

仏教は「神様の教えに従うだけで幸せになれる」「なにかを信じれば救われる」というものではありません。「このように考え、実践すれば、悩みや苦しみを手放せる」という思考法と実践法です。

第5章にて後述しますが、仏教が説く苦しみへの処方箋は「悪しき心やマイナスの感情（これを不善心所《ふぜんしんじょ》といいます）を捨て、善き心やプラスの感情（これを善心所《ぜんしんじょ》といいます）を育てていく」ことにあります。

対症療法ではなく原因療法（根本療法）。全部実践することは難しくても、これを少しでも実現できれば、今よりも生きやすい世界が目の前に開けるのです。

2500年前の智慧《ちえ》が「今ある悩み」を手放すツールになる

「仏教の考え方って、アドラー心理学によく似ていますよね」

こうおっしゃる方をよくお見かけします。仏教のことを勉強され始めて間もない方に多くいらっしゃる印象です。

これは、順番が逆なのです。**仏教がアドラー心理学に似ているのではなく、アドラー心理学が仏教に似ている**ということです。

心理学者のアルフレッド・アドラーがこの世に誕生したのは1870年であり、アドラー心理学を提唱するようになったのは20世紀に入ってからのことです。

それに対し、ブッダが仏教を確立したのは今から約2500年前の紀元前5世紀ごろのこと。

「心の平穏を得るために、いかにして苦しみを手放すか」という両者の基本テーマは同じながら、学問としての歴史の長さが違います。

アドラーさんが活躍した時代には、ヨーロッパでも仏教が盛んに研究され、多くの学者に影響を与えていましたから、アドラーさんも少なからず、仏教の影響を受けていたのかもしれません。

● 仏教の基本姿勢は「三蔵《さんぞう》」を習得すること

そんな仏教には「三蔵」と呼ばれる学問体系が存在します。これは仏教を学ぶうえで欠かせない姿勢、習得すべき学問のことを指す言葉で、「経《きょう》・律《りつ》・論《ろん》」という3つのパートで構成されています。

「経」は、「ブッダの教え」のことです。35歳で覚りを開かれたブッダは、80歳で亡くなるまでの45年間、各地を歩いて教えを説き、多くの人々を苦しみから救いました。そのブッダに付き添い、誰よりもブッダの教えを聞いた弟子がアーナンダでした。ブッダ亡きあと、アーナンダを中心としてまとめたブッダの教えが「経」です。

「律」は、守るべき集団ルールのこと。

「1人だと怠ける。2人だと喧嘩をしたら終わり。3人だと2対1に分かれて対立する。だから、4人以上で集まって、助け合い、励まし合いながら修行する」

ブッダはこのように弟子たちに勧めました。この修行者の集まりのことを〝サンガ〟と呼びます。4人以上が集まれば、生まれ育った環境や持っている考え方が違って当然なので、全員が折り合って争うことなく生活していくための決まりが必要。それが「律」です。

「論」は、経や律に対しての注釈書、または、経や律について後世の弟子たちが独自の理論をまとめたものです。

この「経・律・論」を総称して「三蔵」と呼び、三蔵すべてに習熟したお坊さんのことを、三蔵法師と呼びます。三蔵法師といえば、中国の小説『西遊記』に登場するキャラクターが有名ですが、あれは固有名詞ではありません。歴史上、「三蔵」をマスターした法師はたくさんおられるのです。

○仏教には「苦しみの手放し方」の答えがある

さて、ここからが本題です。

三蔵の最後のなかに、人間の心について詳細に分析した「阿毘達《あびだる》磨《ま》」という解説書があります。

わかりやすく表現すると、仏教心理学の教科書です。

そして、この「阿毘達磨」のなかに登場する「苦の手放し方」について、できるだけ難しい仏教用語を使わずに、やさしく解説したのがこの本であるとお考えください。

２５００年前の教えが現代でも通用するの？

そんな疑問を持たれる方もいらっしゃるでしょう。

でも、心配はいりません。通用するからこそ、仏教は廃れることなく連綿と伝えられてきたのです。そして、歴史上の多くの心理学者の方々も参考にしてきたのです。

仏教では、私たちが抱えている悩みや苦しみが、どのようにして生まれてきて、どんな性質をしていて、心身にいかに悪影響を及ぼすのかについて、体系的に、そしてきわめて論理的にまとめられています。

そして、「どうやって苦しみを手放していくか？」という問いに対する解決方法が、とても細かく、理路整然と示されています。

しかもその内容は、現代の科学者がいろいろな調査を重ねて突き止めたことや、心理学者が常識として口にする「今のやり方」につながっています。ブッダは2500年前の時点ですでに、その領域に到達していたのです。

○ ブッダは心のマスター

プロサッカー選手は、サッカーのマスターです。料理の鉄人は、料理のマスターです。ブッダはいうなれば〝心のマスター〟であり、その教えを学び、実践し、悩める人々に伝えるのが私たち僧侶の役割です。**仏教を学問として学ぶのではなく、心をおさめるトレーニングとして積み重ねること。**それを修行と呼びます。

私はどこかで心理学を学んだわけではありませんが、YouTube『大愚和尚の一問一答』で、多方面からのお悩み相談を受けることができるのも、ブッダの教えを学び、修行しているからでしょう。

これから本書でお伝えしていく内容も、あなたの悩みや不安の解消にきっと役立てていただけるのではないかと思っています。ブッダが導いた答えは、それだけ実用的で、効果的なのです。

生き方が「巧《うま》い人」と「下手な人」の違いとは

少し難しい言葉になりますが、ブッダの教えを、シンプルに、わかりやすく集約した七仏通誡偈《しちぶつつうかいげ》という偈文《げもん》（仏の教えを韻文［詩］の形式で述べたもの）があります。

諸悪莫作《しょあくまくさ》……「悪いことをしない」
衆善奉行《しゅぜんぶぎょう》……「良いことをしなさい」
自浄其意《じじょうごい》……「心を清らかに保ちなさい」
是諸仏教《ぜしょぶっきょう》……「覚りを開いたブッダたちが説いた教え」

では、悪いこととは？　良いこととは？　それらはいったいなんなのか？

七仏通誡偈の話をすると、よくそのような質問が挙げられます。

ここでいう善悪には、まず道徳的な善悪の意味があります。そして、それと同時に、善は「巧み」であり、悪は「下手」であることを指しています。

道徳を守って生きなさい。
下手をやめて巧みに生きなさい。
そして、心を清らかに保ちなさい。

ブッダはこう説いているのです。

ふだん私たちが生きているなかで、無意識の行動は少なくありません。例えば、歩く動作ひとつをとっても、右足、左足、と交互に出しながら、体の重心やバランスを、崩したり、整えたりするわけですが、これらの動作をいちいち頭で考えなくても感覚的に動かせていますよね。

でも、赤ちゃんのときにハイハイから二足歩行になるまでのプロセスはかなり大変です。少しずつ動き方のコツを積み重ねることで、立ち上がって歩けるようになるわけです。それと同じで、今でこそ無意識でできる行動も、小さなことの積み重ねによる賜物なのです。

では、仮に私たちが無意識に行っている習慣のなかに〝下手なこと〟があったとしたら……。知らず知らずのうちに「下手なやり方」を積み重ねてしまっていたら……。

なんにせよ無意識なのですから、これはなかなか直せません。

では、どうしたらいいのか？

それは無意識の状態から、自分の意識にのぼらせること。**重要なのは、自分自身で「下手なこと」に気づくということなのです。**

○信念を変えれば、運命が変わる

「なぜか、あの人の話し方は癪《しゃく》に障る」

「言いたいことはわかるけど、言い方がきつくて話していると嫌な気持ちになる」

こんなケースは、日常の人間関係のなかでもよくあるのではないかと思います。話し方が下手な人は、たとえ言っている内容が正論だったとしても、相手にどこか嫌な印象を持たれてしまいます。

それこそ声のトーンや振る舞い、口グセなど、無意識にやっていることが多いので、本人はなかなか気づきにくい点が多かったりもするでしょう。

話し方の場合は、外に向かって発信しているものなので、他人に気づいてもらったり、指摘してもらったりすることで直していくことができます。**しかし、自分の考え方のクセは当人にしかわからないので、「巧み」になるためには、自分自身で下手な部分に気づかなければいけません。**

マハトマ・ガンディーの有名な言葉にもあります。

「信念が変われば、思考が変わる。思考が変われば、言葉が変わる。言葉が変われば、行動が変わる。行動が変われば、習慣が変わる。習慣が変われば、人格が変わる。人格が変われば、運命が変わる」

だいたい私たちは「運命」のところだけを見て、不幸を嘆きがちです。しかし、それではなにも改善されません。大本である「信念」を変えなければ、その先にある「運命」を変えることはできないからです。

私たちの持っている「信念」は、親や友人・知人、メディアなど周りのさまざまなものから影響を受けるなかで、知らず知らずのうちにつくり上げられているものです。誰もがその無意識の信念に基づいて、考えたり、話したり、行動したりします。そして、それが自分の人格や運命を決めているのです。

ブッダは、そんな私たちの根底にある信念や思考体系を変えようとしました。

もちろん、子どものころから積み重ねてきたものなので、変えることは容易ではありません。でも、自分の運命を、人生を本気で変えたいと願うのであれば、そこに立ち返るほかないのです。逆にいえば、**大本を変えることができれば、今ある悩みや苦しみをすべて手放すことができる**のです。

例えば、周りの人とコミュニケーションを取るのが苦手で、人付き合いがうまくできず悩んでいる場合。「自分は生まれつきこんな性格だから不幸なんだ」「誰とも仲良くなれないんだ」と運命だけを嘆いていても、なにも変えることはできません。そんなとき、「周りの人に感謝の気持ちを持ち、それを少しずつでも伝えるようにしてみよう」という信念を持ってみる。

小さなことでも「ありがたいな」という思いを持ち、「ありがとう」と声に出して伝えるようにしていく。そうしていくことで、周りの人のあなたに対する評価や態度が変わり、向こうからも話しかけてもらえるようになったり、コミュニケーションが生まれたりするようになるかもしれません。

「人に感謝する」という信念を持ち、思考を変え、言葉を変え、行動を変え、習慣を変えることで人格が変わり、運命も変わっていくとは、こういうことです。

仏教とは、自分自身を振り返るための〝気づきの手法〟をパッケージ化したものなのです。

「恵まれたあの人」にも悩みや苦しみが存在する

ブッダは王家の出身で、衣食住にも困らず、誰もが羨む恵まれた環境で育ってきました。それでも悩みや苦しみが尽きず、すべてを捨てて社会に対する改革を起こし、仏教の開祖となりました。

人間が人間である限り逃れられない宿命。

どんな人にも悩みや苦しみがあるということ。

私も『大愚和尚の一問一答』というYouTubeのコンテンツを通して、日本全国のさまざまな方から相談を受けていますが、これは切に感じるところです。

「一生かかっても使いきれないくらいの遺産があります」

「豪邸に住んでいて、夫は上場企業の役員で、子どもは名門進学校に通っています」

そんな、誰もが羨むような暮らしをされている方々からも多くの悩みが寄せられます。「そのような生活のどこに悩みや苦しみがあるのか？」と思ってしまうかもしれませんが、驚くことにこういった相談は少なくありません。

みなさん「自分がなんのために生きているのかわからない」とおっしゃるのです。


なにを食べても、どんな服を着ても、なにも感じない苦しみ。

例えば、戦争の最中にあった約80年前の日本と比べれば、私たちは食べるものにも、着る服にも困っていません。

戦後には冷蔵庫、洗濯機、白黒テレビ――いわゆる三種の神器が普及し、そこから生活を便利にするための電化製品などは目覚ましく進化してきました。

少し前までは携帯電話もとても高価なものでしたが、今では小学生でも当たり前のようにスマートフォンを持っているほどです。

それこそブッダが生きていた時代から見れば、みなさんの置かれている現状は、王様クラスの生活といっても差し支えない水準といえるでしょう。

でも、「毎日を幸せに過ごしていますか？」「悩みはいっさいありませんか？」

そう聞かれると、みなさん口々に不満を語られるわけです。

さまざまなことが便利になり、生きやすい世の中になったにもかかわらず、決して人々が幸せになっているわけではない。

いつでも、どこでも、誰にでも、避けられない悩みや苦しみがあるのです。

○ 富や名声を得ても満たされない苦しみがある

今を生きているわれわれの価値観において、「こうなれたら幸せになれるはず」と信じられているような生活や環境を手に入れたとしても、悩みや苦しみは必ず生まれてしまいます。

富を得たり、財を成したりしたとしても、私たちの「もっと」「もっと」という欲望は延々と満たされることはないのでしょう。

テレビのニュースで、成功を収めて華やかな生活をしているような著名人の自殺が報道されるときにも「まさかあの人が？・」と思わず声を上げてしまうことが少なくありません。

以前、レコード会社から依頼をいただき、プロモーションの一環として、アメリカ人シンガーソングライターのビリー・アイリッシュさんの新曲をYouTubeで紹介させていただいたことがあります。

彼女は深刻な鬱《うつ》に悩まされ自殺願望を抱くほど心が弱っていたといいます。

史上最年少となる19歳でグラミー賞の最優秀レコード賞を2年連続で受賞。華々しい経歴、世界中から注目を浴びるトップスター、人気絶頂のアーティストですら、鬱状態になってしまうほどの悩みや苦しみがあるのです。

そういった芸能人のほかにも、プロスポーツ選手や医師など、本当に誰もが憧れたり、羨んだりするような職業の方々も、私たちが見ている姿とは異なる心の葛藤を抱えながら生きているケースがたくさんあります。

「羨ましい」と思ってしまうような恵まれた境遇にある人にも、なにかしらの悩みや苦しみがあるのです。そして、悩みや苦しみが消えることがないからこそ、心のしくみを理解し、心を守る必要があるのです。

悩みすら「諸行無常」である

インドの古い言葉――パーリ語で書かれた仏典にdukkha（ドゥッカ）という単語が頻繁に登場します。これが中国に入って「苦」と訳されました。

私たちは「苦」と聞くと、怒りや憎しみ、悲しみなどネガティブな感情をイメージするでしょう。

しかし、喜びや楽しみなど、一見ポジティブなもの、良いものとされる感情もじつはドゥッカ＝苦なのです。

喜びも楽しみも「苦」である。

ブッダはそのように説かれました。

「どういうことなの？」と混乱してしまったかもしれませんが、ドゥッカは決してネガティブな表現ではありません。ドゥッカとは「変化して止まることがない」状態を表した言葉なのです。

私たちは「喜びの反対は苦しみ」というように、すぐに二元論で考えてしまいがちですが、喜びも苦しみも、一時的に心に現れては消えてゆく、変化する刺激にすぎません。

これは振り子の原理で考えるとわかりやすいでしょう。

感情がネガティブな方向に振れれば苦しみになり、ポジティブな方向に振れれば喜びになりますよね。

じつのところ、この喜びの感情は永遠のものではありません。

例えば、大好きな人がいて、告白をしたらOKしてもらえた。これはとても嬉しい出来事ですから、喜びも爆発してしまいます。それこそ「この愛が100年続いてほしい」と願うわけです。

でも、恋愛は楽しいことばかりではありませんし、たいていの場合、いつかは別れが訪れます。

好きであればあるほど、楽しい思い出が多ければ多いほど、それを失ったときの悲しみが大きくなり、これが振り子のごとく苦しみの方向へ勢いよく動いてしまうのです。

結局のところ、**自分の心がいちばん安定するのは、喜びにも、悲しみにも、どちらにも振り子が振れていないフラットな状態**のとき。

仏教でいう「心の安寧（幸せ）」とは、つねに自分の心を見つめて、振り幅があることを知り、そのうえで安定した状態に持っていけるようにすることなのです。

○ 喜びも苦しみも永遠には続かない

つねに付き合いたてのような、いわゆるラブラブの状態が理想であるという、そういった恋愛観を持つ人は、付き合う期間が長くなるほどに苦しむことが多いかもしれません。

仕事などで「自己肯定感が高くないとだめだ」「つねにポジティブでいなければならない」と頑張る人は、そうなれない自分に苦しむことでしょう。

喜びや悲しみには、絶対値がありません。

いつでも恋人とはラブラブでありたい。自己肯定感の高い人間になるべきだ。毎日を前向きな気持ちで過ごさなければいけない。そのような、世の中で「より良い」「こうあるべきだ」とされていることを絶対視して生きると、かえって幸せから遠ざかるということです。

もちろん、喜ぶときには素直に喜びましょう。でも、その喜びも永遠に続くものではないことを理解しなければいけません。

一方で「このままずっと私は不幸なんだろうか……」と、思って悩んでおられる方はたくさんいらっしゃいますが、大丈夫です。

苦しみもまた、延々と続くものではないのです。

仏教では、この世に存在するすべてのものは「仮のもの」であると考えます。あらゆる事象は、同一性を保つことなく、つねに変化し続けている。この真理を「諸行無常」と呼んでいます。

どんなことも永遠に続きはしません。

楽あれば苦あり。されど、苦あれば楽ありなのです。

そして、もとより喜びも苦しみも自分の内側で生まれるもの。自分の管理できる範囲内にあるものなのです。

まずは、そのしくみを知るところから始めていきましょう。

苦しみをつくり出すのは他人ではなく「自分の心」

すべての苦しみは、自分の内側で生まれます。自分の心こそが、苦しみを生み出す製造工場なのです。

では、いったいなにが原因で、心の中に苦しみが生まれてしまうのか？

そもそも苦しみを生み出す「自分の存在」とはなんなのでしょう？

私たちが「私」と称しているもの。それは〝自我〟と呼ばれるものです。

自我とは本能に基づいた絶対的に拭い去れないひとつの情動のこと。**この世で、最も尊重されて、最も優先されなければならないと信じてやまない存在が、ほかの誰でもない「私」なのです。**

人間に限らずすべての生きものにも当てはまることですが、「私」という最重要の存在が、脅かされたり、傷つけられたり、なにか危機的な状況に陥っ

たりした際には、それを本能的に守ろうとしますよね。

この防衛本能のことを「我《が》（自我）」といいますが、これがわれわれが認識している「私」であり、苦しみを生む原因となる「自分」なのです。

○「自分が嫌い」という人ほど自分が大好きなわけ

私たちは無意識のうちに自分のことをとても大切にしています。

「自分のことが嫌いで仕方がない」
「自殺してしまいたいほど自分が嫌い」

こういった考えを持っていらっしゃる方も例外ではありません。

じつは自殺したくなるほどの衝動には、強烈な自我＝自分が大好きという精神が働いています。それを示すために自殺したくなるといってもいいほどです。「大好きで最も大切にされるべき自分」を認めてもらえないことの裏返しともいえるでしょう。

例えば、大好きな彼氏に捨てられて自殺を図った女の子がいたとします。これは彼氏自身に原因があるのではなく、最も大切にされるべき「私」が捨てられたという事実が許せないんですね。

つまり、自分自身のことが大好きだからこそ、「自分が蔑《ないがし》ろにされた」という現実を受け入れられない。

「私の思いどおりにならないこと」に反発する強烈な自我によって、自分を苦しめているのです。

誰もが「つねに自分は最高の待遇で扱われるべき」だと妄想しています。「誰よりも愛されるべき」であり、「受け入れられるべき」であり、「自分の主張や思いは認めてもらえるべき」だと思っています。

この妄想が膨らめば膨らむほど、内容が具体的であればあるほど、そのエネルギーも大きくなっていきますので、それに比例して「大切にされなかった」ことへの反動も大きくなってしまうのです。

○みんな「自分」がいちばん大切

それこそ、色恋沙汰が原因の死傷事件は、フィクションの世界でも現実でも数えきれないほど発生しています。いわゆる「痴情のもつれ」というやつです。

大好きだった相手のことを殺したくなるほど憎くなってしまう——あるいは、先ほどの例のように自分の存在をこの世から消してしまいたくなる。他殺も自殺も人を殺《あや》めていることに変わりはなく、その対象が相手か自分か、それだけの違いです。

なにかに失敗したり、恋人と別れたり、自分の想定、つまり妄想とは異なる方向に事が運ぶからこそ、人は怒りや悲しみといった感情を抱くわけです。

自我は防衛本能であり、無意識の働きなので、まずは自分の心、誰もが持つ「我」という存在、そのエネルギーや情動の強さを知ることが大事でしょう。

どんなに修行を積んだとしても、ブッダのように「我」を完全になくすことができる人はいないのです。

あなたが自分のことを大切に思うように、相手もまた自分のことが大切。そのことを認識しておくことができれば、自然と人に対する共感や思いやりが生まれてくることでしょう。

自分の「我」だけを優先させず、なにごとも自分に引き合わせること、「自分が相手の立場だったらどう思うか？」を考えてほしいのです。

「比べたくなる欲求」が あらゆる悩みの元となる

苦しみを生み出す大きな要因として、ひとつ前の項で自己防衛本能、すなわち「我」について取り上げました。

大きな要因はこれだけではありません。次いで挙げられるのは「他人と比較してしまいたくなる衝動」です。仏教的には、この心の動きのことを「慢」といいます。

先ほどの「我」とセットにすると「我慢」。みなさんがよくご存じの言葉ですので、覚えやすいのではないでしょうか。

ただし、ここでいう「我慢」には、一般的に浸透している「耐え忍ぶ」「辛抱する」というニュアンスは含まれません。「我」も「慢」も仏教用語としては、あまりよろしくない意味合いで使われますので混同しないようにしてくださいね。

「慢」について細かく見ていくと、たくさんのパターンに分類できるのですが、掘り下げて説明していくときりがないので割愛します。大きく次の3つに分けられることを知っていただければ大丈夫です。

自分はこの人より優れていると考える「慢」。
自分とこの人は同じくらいであると考える「慢」。
自分はこの人より劣っていると考える「慢」。

人間は、社会的動物として集団生活を行うようになって以降、誰もがこのことを意識して日々を過ごしています。意識しているというより、無意識下で心がこの思考に支配されていると表現したほうがいいでしょう。

単独行動ならば自分のことだけを考えていればいいのですが、群れができると自然と他人の存在が視野に入ってきます。

自分の不利益になるようなことをする人はいないか？

群れの秩序を乱すようなことをする人はいないか？

そういったことが気になりだし、他人の行動をチェックしたり、自分と比較したりするようになります。ここから「慢」が生まれていったのです。

そしてこの心の動きが、このあとのページで詳しく触れていく「羨み」「嫉妬」「軽蔑」といった苦しい感情を生み出す元となるのです。

○人は誰もが「比べること」をやめられない

「自分は他人なんか気にしない」「人のことなんてどうでもいい」とお考えの方もいらっしゃるかもしれません。

でも、「慢」の具体例を見ると、多かれ少なかれ身に覚えのあるものがあると思います。

街を歩いていて、似たような年格好の人とすれ違うとき、自分より見た目がイケているとか、センスがあるとか、ダサいとか、知らず知らずのうちに比較してしまうことがあるのではないでしょうか。

背が大きい、小さい、ほとんど変わらない。

容姿が良い、イマイチ、似たようなレベル。

頭髪にコンプレックスをお持ちの方なら、自分よりも髪の毛が薄い、濃い、どっこいどっこい。

スタイルを気にされている方なら、自分よりも痩せている、太っている、同じくらい。


そうやって、人間はあらゆることに関して他人と比べることをやめることができない生きものなのです。


お子さんをお持ちの親御さん同士でも同じです。

「うちの子のほうがかわいいし、頭もいいだろうな」

「あの子よりは運動神経がいいに決まっている」

みんな、心の中で同じことを考えています。

同窓会や結婚式で久しぶりに再会を果たした旧友同士もそうです。

「お前、結局どこに就職したの？」

「○○さんって、まだ独身なんだね」

こんなふうに、口に出して質問（確認）してまで自分と比較をしたがる人も珍しくありません。

企業の社長さんたちが集まれば、お互いの会社の規模や年商の探り合いが始まります。

作家さんや編集者さんが集まれば、相手がこれまで手掛けてきた本の発行部数が気になって仕方がないでしょう。

YouTuberが集まれば、チャンネル登録者数と動画の総再生数の話題が飛び交います。

もう、24時間「慢」だらけです。

○「慢」がマイナスの感情を生み出す

かくいう私も、かつては「慢」に満ちていました。

私は学生時代に空手をやっていたのですが、すれ違う男性のことをもれなく「自分よりも強いか、同じくらいか、弱いか」という目で見ていました。

とくに顕著だったのが、私が通っていた駒澤大学の周辺にある銭湯を利用した際。ご近所には日本体育大学がありますので、自ずと銭湯には屈強な肉体を持ったスポーツマンが集まることになります。

洗い場で隣に座った筋骨隆々の男たちをチラ見しては、「こいつ、俺よりも強いかな？　弱いかな？」と、いつも考えていました。おそらく、向こうも同じようにこちらを値踏みしていたと思います。

これはある種の〝格闘家あるある〟であり、典型的な「慢」なのです。

このように、人間は誰しもが自分と他人とを比較しながら生きています。そしてその結果、「羨ましいなぁ」「悔しいなぁ」「かわいそうだなぁ」「バカだなぁ」「みじめだなぁ」などという自惚れ、嫉妬、羨み、軽蔑などのマイナスの感情が生まれ、それが悩みや苦しみの原因になっていくのです。

「慢」は無意識に働くものですので、完全に捨て去ることはできません。

でも、自分が「慢」に支配されている状況に気づき、それをセーブしていくことならできます。

その方法、テクニックをこの本でしっかりお伝えしていきますので、今よりも心をおだやかにしていくために、できることから取り組んでいきましょう。

心を蝕む3つの毒「欲・怒り・無知」とは

「我」「慢」などの本能から生じる感情。

これを仏教では「煩悩《ぼんのう》」と呼びます。

そして、この煩悩が私たちにネガティブな感情をもたらすわけですが、ここではそれを促進する3つの要素について説明していきましょう。

ものごとを良い方向に促してくれるものの代表例として薬を挙げるとするならば、この3つは真逆の働きをしますので、毒とお考えください。

いや、毒というより猛毒と表現したほうが適切かもしれません。

ブッダはこの3つの要素に対して「貪《とん》」「瞋《じん》」「痴《ち》」という名前を与え、人間の肉体と精神、ひいては人生を台無しにしてしまう「三毒」と位置づけました。

スムーズに苦悩を手放していくためには、この貪瞋痴のしくみを理解し、

自分のことを冷静に見つめていく必要があります。原因を知らなければ、対処もままならないというわけです。

○「欲」「怒り」「無知」でワンセット

「貪」とは「欲」のこと。

「なにかがほしい」「なにかを求めていきたい」「好きなものに近寄っていきたい、自分に近づけたい」と願う衝動、すなわちエネルギーとお考えください。

好きな人であったり、お金であったり、物品であったり、社会的地位であったりと、あらゆるものが対象になります。

対象が磁石のS極であったら、自分は全力でN極になりたいと思う――そういう欲求が「貪」です。

「瞋」は「怒り」です。

「貪」と反対に、「嫌いなものを自分から遠ざけたい、引き離したい」と望むエネルギー。対象が磁石のS極なら自分もS極に、向こうがN極なら自分もN極になりたいと思う感情が「瞋」です。

嫌いだから遠ざけたい。でも、遠ざけられない。だから、怒る。

その流れをイメージするとわかりやすいでしょう。

「痴」は「無知」を意味します。

智慧がないためにどうしていいかがわからず、心身ともに不安定になってしまう。あるいは、智慧がないために愚かな行為に走ってしまう。そんな心境ととらえてください。

「貪」「瞋」のところで取り上げたエネルギーに例えると、行き場を失ってぐるぐる回っているような状態です。

○ 三大煩悩が生み出す負のサイクル

この貪瞋痴は、それぞれの性格こそ異なるものの、じつは密接にかかわり合っています。

「欲（貪）」が満たされないから、「怒り（瞋）」が生まれる。
「怒り（瞋）」が発生しても「無知（痴）」ゆえに鎮め方がわからない。
「無知（痴）」で現実や自分の本質を理解できていないため、新たな「欲（貪）」が生まれる。

絶えずこれをくり返しているのです。

現代では脳科学が進歩したことで、人間の心理メカニズムをある程度科学的に説明できるようになりましたが、ブッダは２５００年以上前の時点ですでに、体感的にこの負のサイクルに気づいていたというわけです。

こういう感情を抱くと、心臓がドキドキしたり、頭がカッとなったりする。

それが続くと体が疲弊し、心身の調子が悪くなる。

結果的に、すべてのものごとがうまくいかなくなる。

ブッダは自分の肉体と精神の変化を徹底的に観察することによって得られた答えを、すべてエビデンスにしていったわけですね。

ほったらかしにしておくと、苦悩が消えることはなく、自分の肉体・精神・人生を滅ぼしていってしまう――だから貪瞋痴は三毒なのです。

恋愛に例えると、とてもわかりやすいかもしれません。

あなたに好きな人ができたとします。

もっと近づきたい。触れ合いたい。付き合いたい。結婚したい。

これは「欲（貪）」です。

そして、相手も自分のことを好きになってほしい、好きになってくれるかもしれないと期待します。

しかし、世の中はかなわぬ恋が大半。**残念ながら、「こうなってほしい」という欲望は、その人の心が生み出した都合の良い「妄想」にすぎません。**相手がこちらの好意を察して避けるようになったり、勇気を出して告白するもフラれたり、という結末が待っていることも多いでしょう。


すると今度は、「なんでうまくいかないんだ」「自分の思いどおりにならないんだ」という「怒り（瞋）」が生まれます。相手のことを好きな気持ちが強く、失恋のダメージが大きければ大きいほど、怒りの度合いが強くなることは自明の理。「相手も自分のことが好きかもしれない」「好きになってくれるかもしれない」というのは完全に妄想であり、勝手にひとり相撲をとって自爆していているだけなのに、いつの間にかふつふつとこみ上げてくる怒りを抱える自分に苦悩することになるのです。

にもかかわらず、「それは愚かな自分の妄想にすぎない」ことを知らない。

つまり、「無知（痴）」であるがために、再びかなわぬ恋を追い求めたり、ひどい場合には、好きな相手に対してストーカー行為をしてしまったりするようなこともあります。

また、いわゆるダメ男やダメ女との恋愛に失敗し、「二度と同じ過ちをくり返さない」と心に誓いながら、また似たようなタイプの人に引っかかることもあるでしょう。

はっきりいえば、われわれ人間はアホなのです。**「無知」は人間が巧みに生きることを阻む毒なのです。**

○ 「誰かのせい」にしていては苦しみから抜け出せない

あなたは、貪瞋痴の無限ループにハマっていないでしょうか？

自分の胸に手を当てて考えてみてください。

「私は大丈夫。煩悩はないし、人生に苦悩することもない」

そう断言できる人であれば、ブッダのアドバイスに耳を傾けなくても巧みに生きていけるでしょうし、そもそもこの本は必要ありません。

まさしく〝釈迦に説法〟です。

でも、そんな人はおそらく少ないですよね。人は大なり小なり、苦悩を抱えているものです。ゼロということは、なかなかないと思います。

だから、巧みに生きるための智慧を身につけなければならないのです。

何度も言うように、苦悩を生む原因は自分自身にあります。

その自分を客観的に、正しく見ること。これが智慧です。

「我」や「慢」によって自分のことを色眼鏡で見ていることに気づかない限り、苦悩がなくなることはありません。

自分の都合の良いようにものごとを見て、望むように事が運んでくれるだろうと考えて、それを前提にものごとに取り組んでいては、結果的に失敗し、苦しみ、悩み、ストレスを溜め込むことになります。

そして、その原因が自分にあることを棚に上げて（その事実に気づかずに）、原因を相手に求め、「あいつが悪い」と非難・攻撃します。

究極的には殺人を犯すか、自らを殺害してしまうことにもなります。

そういう極端なことをしてしまう愚かな存在が、人間なのです。

だからこそ、そうならないために、巧みに生きていくために、智慧を育てましょう。人間の心のしくみを理解し、感情をコントロールできるようになりましょう。

その方法論がきちんと体系立てられているのがブッダの教え、すなわち仏教です。

第2章〜第4章では欲・怒り・無知というカテゴリーに分け、負の感情について説明していきます。そこで紹介する負の感情ごとの対処法を習得する前に、大前提としてそのことを頭に入れておいてください。

「自分の壁」を超えられれば、すべての悩みを手放せる

私たちはいったい、いつから悩み、苦しんでいるのか。

「大人になるにつれて社会の理不尽さを感じるようになったから？」

いいえ、もっと早い段階から苦しみに向き合っているはずです。私が思うところでは4歳、早い子の場合は3歳くらいでしょうか。

これは福巌寺の境内にある幼稚園の子どもたちを見ていても感じます。かなり小さいうちから、いろいろなことに対して「なんで？」という疑問を持ちますし、言葉を話せるようになることで、なにかしらの悩みや苦しみを持ち始めます。

再三にわたってお伝えしていますが、人生は生まれてから死ぬまで苦しみの連続です。それこそ、苦悩は一生付き合っていかなければいけない相手なのです。

なにか嫌なことがあれば「あいつが悪い！」「社会が悪い！」「〇〇のせい！」と嘆いてしまうのも無理はないでしょう。

でも、苦しみから少しでも解放されたいのであれば、ほかのもののせいにしているだけではいけません。

「なぜ、私たちには苦しみが生まれるのか」

本気で苦しみを手放したければ、苦しみについて真剣に考えなければいけない――そこに人生をかけて挑んだのがブッダなのです。

◎苦しみを捨てるヒントは通販番組にあり？

私たちは苦しみを抱えながら生きている、とはいうものの、仕事や学校を休んでまで、「今日は苦しみについて考えてみよう」と行動に移す人はいませんよね。

でも、ブッダはそれを実行しました。

人生のすべてを投げ出して、心の苦しみを徹底的に見つめてみよう――これがいわゆる〝出家〟であり、それを行ったのがブッダでした。
そして、考え抜いた末に、4つの真理にたどり着きます。
ブッダが発見したのは四諦八正道《したいはっしょうどう》。
四諦とは「苦《く》」「集《じゅう》」「滅《めつ》」「道《どう》」から成る4つの聖なる真理のことを指しています。

「苦」とは、文字どおり、私たちが持つ苦しみのこと。
「集」とは、苦しみを生むさまざまな要因、メカニズムのこと。
「滅」とは、苦しみの原因を知り、それを減らしていくこと。
「道」とは、苦しみを手放すための方法のこと。

この四諦については、通販番組のセールスレターで考えるとわかりやすいかもしれません。
「みなさん、お掃除って大変じゃないですか？」（苦）
「家事や育児をしたり、仕事をしたり、毎日なにかと忙しいですよね」（集）
「そんなとき、自動的にお掃除が済んでいたらすごく助かるでしょう」（滅）

「そこでご紹介したいのが、この○○○です！」（道）

この通販番組のセオリーこそが、まさに四諦の流れそのものです。

生きることには苦しみがある。
苦しみには原因がある。
苦しみの原因がわかれば、減らしていくことができる。
苦しみをなくす方法がある。

ブッダは、人々が興味を持ちやすいように、あえてこのような順番で説かれたのです。

ちなみに、「道」の種類が8パターンあることから八正道というのですが、これについては少し難しい話になってしまいますので割愛いたします。

要約するのであれば、生活するうえで気をつけるべき〝8つの心構え〟が八正道によって示されているとお考えください。

ブッダが瞑想によってたどり着いた結論

誰だって苦しむのは嫌ですし、悩みを抱えて生きていたくないでしょう。**でも、私たちの苦しみを生んでいるのは、会社の上司でもなければ、家族でも恋人でも友人でもありません。あなた自身の心の中にある妄想がその原因になっています。**

では、苦しみを捨てるために、具体的になにをすればいいのか？

まずは、自分自身の心の中を徹底的に見つめることです。

苦しみの原因を自分の外にばかり求めていたら「なぜ起きるのか？」「どうやって起きるのか？」といったことがまったく見えてこないからです。

これまでにもお伝えしてきたとおり、苦しみを生み出す原因は、自分の外側ではなく内側に存在します。苦しみを捨てるためには自分の内側＝心と正面から向き合わなければなりませんが、そこには妄想や思い込み、貪瞋痴など、それを邪魔するさまざまな「壁」が立ちはだかります。

その「自分のなかにある壁」を超えることができれば、抱えている悩みや苦しみを手放し、もっとおだやかな気持ちで生きることができるようになるのです。

仏教では自分の心に意識を向けて集中することを〝瞑想〟といいます。瞑想と聞くと、なにか特別なことをしなければならないイメージを持たれるかもしれませんが、あまり難しく考えなくても大丈夫です。

瞑想については第5章で改めて解説しますが、あくまでも集中する力であり、そのエネルギーを活かすことにあります。

極端な話をしてしまえば、銀行強盗をしたり、詐欺で騙そうとしたり、なにか悪企みをするときにも瞑想の力は働いてしまいます。これは「悪しき方向」に集中してしまっている状態です。これを「善き自己改革のために充てていこう」とするのが仏教における修行なのです。

ブッダは瞑想によって、自分自身の心を観察し、その真理を発見しました。

苦しみが生まれる原因をしっかりと理解し、自分の心の中でつくられるプロセスを見つめることができれば、間違いなくそれを減らしていくことができる――これが修行によって導き出されたブッダの結論なのです。

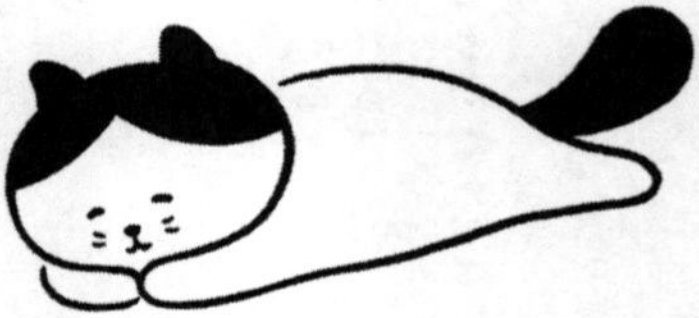

第2章

「怒り」の壁の乗り越え方

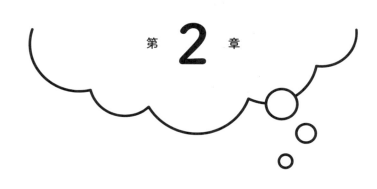

他人へのイライラは、「勝手な期待」から生まれる

○ 必要な怒りと不要な怒りを見極めること

「もし、大愚和尚が見ず知らずの人に理由もなく殴りかかってこられたらどうしますか？　お坊さんだから、怒らずに冷静に対処しますか？」

こんな質問をよくいただきます。

私の答えはこうです。

「戦います。一発殴られたら、倍返しします」

みなさん「ええっ！」と驚かれます。

もちろんこれは冗談ですが(笑)、攻撃されたら戦うか逃げるかの反応を示すのは、生きものとして当然のこと。自然界では一方的にやられっぱなしになることを受け入れたら、死を意味するからです。

「怒り」は、なんらかのかたちで他者から「攻撃を受けた」「自分の心身を害された」と脳が判断したときに生まれます。これは、生きものがみな持っている感情で、生き延びていくために必要なものです。

しかし、現代社会のなかで突然、目の前に敵――例えばライオンやトラが現れて自分の生命が脅かされるということは、そうそうありません（最近は残念ながら物騒な世の中になってきているので、冒頭のようなケースが絶対にないとはいい切れませんが）。

それなのに、私たちは生活のなかで頻繁にイライラし、怒りを感じています。それは、自分の心の中に「ライオン」がいるからです。心の中の「自分の妄想」によって、見えない敵と戦っているのです。

「家族の態度に腹が立つ」
「恋人やパートナーに裏切られた」
「上司から理不尽なことを言われた」
「ファンだった芸能人が不倫をしていた」

このように、さまざまな場面で怒りが湧いてきますが、これらの怒りは自分の生命を脅かすものではありませんよね。つまり、本当は持つ必要のない怒りなのです。

○怒りをつくり出すのは他人ではなく「自分の心」

恋人やパートナーに裏切られたとき、その怒りは「裏切ったあいつのせい」で発生しているのではありません。自分はその人を信頼していたにもかかわらず、裏切られて自分が不利益を被《こうむ》ったと感じた結果、自分の心の中で、自分自身が発生させているのです。

「好きだった芸能人の不倫」も、直接本人に会ったこともしゃべったこともないのに、自分のなかで勝手に「あの人は清楚で真面目」というようなイメージをつくり出していて、その期待が裏切られたから、結果的に自分が攻撃されたと感じて怒りが湧いてくるわけです。

裏切られた、不利益を被ったと思うのは、その人は裏切らない人、自分に不利益を与えない人だと、勝手に思い込んでいた＝妄想していたからです。

「こうあるべきだ」という自分のなかの価値観や過去の記憶、勝手に信じていること、感じていること、考えていること、期待していたことを、否定されたと思ってしまう――これが、人間の心の中にある怒りの正体です。

生きものである以上、怒りを完全に捨てることはできませんし、先ほど述べたとおり生存本能として「必要な怒り」もあります。しかし、**この「妄想による怒り」に支配されてしまうと、心身を病んでしまう**ことにもなりかねません。

よって、不要な怒りにとらわれすぎないための訓練が必要です。

○ 人生は思いどおりにならなくて当たり前

怒りとは、自分の心の中で起こる火事のようなものです。放っておくと、燃え盛る炎がどんどん大きくなっていってしまい、簡単には消せなくなってしまいます。

大切なのは、火事を起こさないようにする予防策と、起こってしまったときの素早い初期消火です。

大前提として、「人生は自分の思いどおりになることなどほとんどない」そして「他人は自分の思いどおりになどならない」ということを心に留めておきましょう。これがなによりの予防策、不要な怒りを持たないで済む方法になります。

「家族は、友人や恋人は、同僚や部下は、私の思いを理解してくれるはずだ」「私がこれだけ尽くしたのだから、相応の見返りがあるはずだ」などと、他人に対して都合の良い期待をしないことです。

期待をしたことが実現されないから、「どうして私の思いどおりにならないんだ！」という失望が生まれ、それが怒りになってしまうのです。

決してマイナス思考を推奨しているわけではありませんが、最近は理想を追い求めすぎて世の中の明るい部分ばかりを見て生きている人が増えた気がします。

しかし、人生はそんなに甘くはありません。

私が申し上げたいのは、なんでも自分の都合の良いように考える楽観思考になりすぎないように、ということです。

それでも、人間ですから腹が立つ瞬間は訪れるでしょう。怒りの感情がこみ上げてきてしまったら、できるだけ火種の小さいうちに消火をすることがとても大事です。

火事は、酸素と乾燥した燃えやすいものがなければ燃え広がりません。ほどなくして火は消えます。怒りもそれは同じで、一瞬カッとなって火がついたとしても、〝燃料〟になるものを投下しなければ長続きはしません。

ですので、そんな状況を自らつくってあげましょう。

対象が物であれば、それを遠ざける。

対象が人であれば、その場から離れる。

これが最善策になります。

○大事なのは怒りに燃料を投下しないこと

例えば、夫婦で意見が食い違って、口喧嘩になったとしましょう。お互い相手に対して怒っていて、一歩も引かなかったとします。

しかし、その際にくり出される「売り言葉に買い言葉」が、怒りの燃料になっているのです。

最初は「今日の洗濯物を洗濯カゴに入れていなかった」のが発端だったとしても、「そういえばこのあいだはゴミの捨て方が間違っていた」とか「前から思っていたけど食器の洗い方が雑だ」などと、その日の話とは関係のないネタが燃料としてどんどん投入され、ボヤで済むはずが、大火事に発展してしまうわけです。

こうなると、喧嘩に勝つこと、あるいはなんとかして自分が正しいことを認めさせることが目的になり、相手に打ち勝つためにあらゆる材料を探して火にくべている状態になります。

まさに、不毛の争いです。

ここで大事なのは、「自分で燃料を投入している状態」になっていることに気がつくことです。

気がついたらまず、その場から一度離れましょう。

「逃げるの？」などと言われても無視をして、なにか言い返したくなる気持ちもグッとこらえて、一目散に退避してください。

そして、相手のいない場所に移ったら落ち着いて深呼吸。すると、さっきまでカッカしていた自分がまるで嘘のように、冷静さを取り戻すことができます。

相手もそれは同じ。

燃料さえくべなければ、怒りの炎は鎮まるものなのです。

○「単純作業」で心と体を切り離す

深呼吸以外では、体を動かすことも効果的で、私は「掃除」をお勧めしています。

怒りの対象から離れても、ひとりで部屋にこもってじっとしていると、「でもちょっと待てよ、やっぱりどう考えても私は悪くない」などと、また燃料投下が始まってしまうんですよね。

こうなるともう相手はいないので、完全にひとり相撲です。

そうならないために、例えば床や机の隅に溜まっている埃《ほこり》をひたすらきれいにする、服を整理整頓するなど、掃除や片づけに集中して、たんたんと体を動かしてみましょう。

すると、心と体が切り離されるので、余計なことを考えずに気持ちを落ち着かせることができます。

実際に部屋もきれいになるので、一石二鳥です。

仕事中であれば、あまり考えずにできるようなルーティンワークに取り組むのがいいと思います。

また、水に触れることでも心を落ち着かせることができるので、流水を手で触る、あるいは温かいお風呂に浸かって、リフレッシュするのもいいでしょう。

怒るのは良くないことだと考え、「怒っちゃやだめ」と自分に言い聞かせて我慢しようとする方もいらっしゃいますが、これはもう火が付いてしまっているのに、「燃えないで！」と念じているだけの状態なので、正直効果はありません。

最初にお話ししたとおり、怒りは本能によるものなので、なくすことができないのです。

それよりも、予防策と初期消火を意識するほうが、自分にとっても相手にとっても良い結果をもたらします。


家族、パートナー、友人、同僚、上司や部下、憧れの芸能人——相手が誰であっても、自分の思いどおり、理想どおりにはなりません。

怒りの感情が生じたときは一歩引いて「自分の妄想が原因だな」「自分に都合の良い期待をしてしまっているな」と認識すること。

そして相手と喧嘩になってしまった場合には、燃え広がるような燃料を投下せず、その場から離れて冷静になること。

これが、怒りで心を消耗させない秘訣です。

妄想で嫌いな相手を「巨大化」させていないか

○ 怒りの〝モンスター化〟が憎しみや恨みを生む

「怒り」の感情が妄想によりどんどん大きくなってしまうと、「憎しみ」や「恨み」に変わってしまいます。

「とにかく、その存在自体が許せない！」というレベルで嫌ってしまったり、気に入らないと思ってしまったりする感情が「憎しみ」で、相手の行動によって自分がなにかしらの不利益を被ったときに湧き上がってくる感情が「恨み」といえるでしょう。

先ほども述べたように、怒りは長時間にわたって続く感情ではありません。燃料さえくべなければ、「なんであんなに怒ってしまったのだろう……」と自然に沈静化していくものです。

いうなれば〝時間が解決してくれる〟というやつですね。

しかし、憎しみや恨みの場合はそうはいきません。

憎い、恨めしいという感情にずっと油を注ぎ続けてしまうと、火の勢いはどんどんと増していき、消そうと思っても自分では消火できないほどの大火事になってしまいます。

こうなると、自分の心と体を壊してしまうほど大きなダメージを与えてしまいます。また、感情が歪んだ形で外にあふれ出してしまうと、いじめやハラスメント、ストーカーなど、誰かに害を与えることにもなりかねません。

憎しみや恨みは、怒りを悪い方向に成長させてしまった巨大なモンスターのようなものです。たとえ小さな火種であっても、放っておいていいものではありません。心の中で「危険!!」という緊急アラートが鳴り響いている状態だと思ってください。

○「嫌いの巨大化」は自分が損をするだけ

怒り自体は生きものに本能的に備わった情動なので、時として欠かせず、なくすこともできません。

しかし、憎しみや恨みは違います。

人間が生きるうえでまったく必要のない感情ですし、持っていたところで良いことはなにもなく、自分のなかに嫌な気持ちがあることで損をするだけです。

例えば、なにか嫌なことがあって怒りが湧き上がったとします。

これ自体はしょうがないことです。でも、その「嫌なこと」に対して、自分でどんどん嫌いな理由を付け足していないでしょうか？

例えば、職場でどうにも気の合わない人がいたとします。最初は「ちょっと感じが悪いな」程度の気持ちだったとしても、「自分にだけ冷たい気がする」「すれ違ったときに目を逸らされたかもしれない」など、あんなことやこんなことをすべて結びつけて、自分のなかで「嫌だと思う気持ち」を大きく育ててしまう。

そのように、自分の想像力を最大限に駆使して〝嫌いを巨大化〟させていませんか？

人間ですから、好き嫌いがあるのは、仕方のないことです。

だからといって、相手を憎むほどの感情を芽生えさせてはいけません。

なぜなら、自分で勝手につくり出した妄想で、さらに「嫌い」という感情に餌を与え続けてしまうことになるからです。

また、自分のなかでは勝手に妄想が膨らんでいきますが、相手にとっては与《あずか》り知らない話ですので、憎んでみたところでなにも変わるはずがありません。

逆に、あなたから発せられる負のオーラで、あなたのほうが周りから避けられたり浮いてしまったりする可能性もあります。

憎しみや恨みとは、自分のなかで怒りの感情が消えることなく続き、それが炎症を起こしてがん細胞のようにしこりになってしまった状態。いわば、心に悪性のポリープを増殖させているようなものです。

健康によろしくないことはいうまでもありませんよね。

こちらがどんなに「許せない」と思ったとしても、相手がそれをくみ取って自ら変わってくれることはないでしょう。

自分自身で勝手につくり出した妄想なのですから、自分でなんとかするしかないのです。

どんどん増え続ける心のポリープは、誰も切除してくれません。

○　自分の心を「善いもの」で上書きしていく

憎しみや恨みに心を支配されないためには、「事実」と「妄想」をしっかりと分けて考えることが大切です。

憎しみや恨みが自分にとって必要のない感情であることを理解し、自分自身で乗り超えていかなければなりません。

もちろん、理解したところで簡単には消え去ってくれないでしょう。

憎しみになるほどの感情ですから、それこそ根深く、心の中に残り続けようとします。

では、悪いものに占拠されてしまった心を取り戻すためにはどうすればいいのか？

自分の心を善いもので上書きして、バージョンアップさせていく――これに尽きます。

詳しくは第5章でお話ししますが、「善心所」という善なる心所を育てていくことが重要で、ある種の根本治療が求められるのです。

恨みに関しても同様です。私のところにも親子間で起こる虐待についての相談が多く寄せられますが、もう親が亡くなっているのに「いまだに許せない」という方も少なくありません。

親もまたひとりの人間ですから、不器用で、愚かだったということです。「なぜ虐待するようになったのか？」という事実に目を向けていくと、その生い立ちや人生の不運などに同情の余地がある場合もありますが、虐待を受けた側の立場としては、**理性をもって事実を事実として受け止め、自分の心の中に満ちあふれている「悪なる心所」を書き換えていくしかない**のです。

謝ってもらいたくても、謝ってもらいたい相手は、この世にもういません。

「お墓の前に行って、思っていることを全部吐き出してしまいなさい」

そんなことを私もよくお話ししますが、お墓でも、仏壇でも、位牌の前でもいいので「こんなことがあった」「あんなことがあった」と語ってみましょう。そうやって自分の感情を口に出して言葉にすることで、自分の感情を客観的に見つめ、理性を働かせて考えていけるようになるのです。

虐待を受けた人ほど「もっといい親に育てられていたら、自分はこんなふうには育たなかった」と親の理想像を妄想します。

でも、誰しも多かれ少なかれ親に対してなんらかの不満を持ちながら育っていくものですよね。

それに、いざ自分が親の立場になってみると「親ってこんなに大変だったんだな……」と痛感すると思います。

いずれにしましても、決して憎しみや恨みを正当化させてはいけません。

私の経験則からしても、ろくなことにならないと断言できます。最終的に自分だけが損をする感情であると、肝に銘じてください。

人を憎んだり恨んだりしている間は、絶対に幸せになることはできません。「私はあの人を憎んでいるけれど、心はおだやかで幸せだ」などということはありえないのです。

ムダな「好き・嫌い」の判断をやめる

不必要な「嫌悪」に執着していませんか？

「憎しみ・恨み」と同じように、怒りの延長線上に存在するのが「嫌悪」の感情です。私たちがなんらかの対象を退けたい、反発して遠ざけたいと思う感情の一種です。

そしてこの嫌悪にも、避けられないものと避けるべきもの、手放すべきものと手放すことができないものがあります。

例えば、目の前にヘビやムカデがいきなり現れたとしましょう。

一部の爬虫類好き、虫好きの人は歓迎するかもしれませんが、たいていの人はびっくりしますし、その後に「うわ、嫌だな」と思うはず。気持ち悪いとか、近づきたくないとか、そういった感情が生まれる瞬間です。

この嫌悪は、必要なものに該当します。なかには毒を持ったヘビやムカデもいますので、外敵から身を守るという面では正しい感覚。人間の体は、脳にある扁桃体という部位に備わっているセンサーがそれを察知するようにできているのです。生き延びるために必要な感覚なので、意識的に手放すことはできません。

一方、**それ以外の嫌悪、おもに他人に対して抱く嫌悪は、ただちに捨てたほうが良い**でしょう。

こちらは生理的なものではなく、人間の社会的動物化が進み、脳が発達してきたことによって生まれたもの。持っていてもなんの役にも立ちませんし、自分の心を重たくするだけです。

「あいつは本当に嫌なやつだな」
「あの人とは価値観がまったく合わない」
「○○人（どこかの外国人）って常識がなさすぎるよ」

そう思ってしまうことはあるかもしれませんが、それ以上、自分のなかでの嫌悪感を膨らませることはやめましょう。

一人ひとり違った性格をしているのと同様に、持っている価値観も異なるのが当然だからです。

異国の文化と日本の文化は同じではありませんし、男性と女性、同年代と別の世代など、属性や立場が違えば考え方も自ずと異なったものになっていきます。

自分の価値観や常識は唯一無二の正解ではない――これをしっかり認識しましょう。自分の基準を相手に押しつけることはできませんし、押しつけたところでその人が変わるわけでもありません。

親、兄弟、先生、友人、恋人、先輩、後輩、同僚、上司、部下、著名人、メディア――など、すべての相手に対して同じことがいえます。

「自分と違う」「自分と合わない」ことを理由に好き・嫌いの判断をすることには、なんの意味もありません。むしろ自分の心に「嫌悪」という重しが増えるだけです。**「あの人と自分はここが違うんだな」という事実を認識するだけでいいわけで、そこから好きだ嫌いだという白黒をつける必要はないのです。**

○「嫌い」より「好き」を増やすと人生はラクになる

「これ（この人）は嫌だな」という嫌悪感を抱いたら、まずはそれが必要なものか、不必要なものか、考えるクセをつけましょう。

身に危険が及ぶようなことに対する嫌悪であれば、その感覚は正しいと思って構いません。

これに対し、**自分の命や生活を脅かすわけではないにもかかわらず、その対象に対して生まれた嫌悪であったら、たんなる自分の思い込みと妄想だと考える**ようにしましょう。

自分の生い立ちや環境によって形成され、刷り込まれてきた〝独自の基準〟であり、それを相手に求めてはいけない――そのようにとらえてください。


必要な嫌悪と不必要な嫌悪を見分けられるように努めることにより、観察力が身につきます。

そして、それまで自分が嫌だと思っていた対象の、新たな一面が見えてくることもあります。

「ずっと気に入らなかったけど、いいところもあるじゃん。思いのほか面白いやつだった」

そんな心境に至ったらしめたもの。マイナスの感情をプラスに転じさせることに成功した証拠です。

自分にとって嫌いなものを排除し続けている限り、世界は開けませんし、心も苦しいままです。

それよりも受け入れることで可能性を広げていくほうが、あなたの心もラクになっていくはずです。

一見、不愛想で怖そうだな……と思っていた人が、話してみたらものすごく良い人だった、というようなことはありませんか？

誰にでも、きっとあると思います。

その感覚を大事にしていってください。

◦ 先輩が教えてくれた「思い込み」の外し方

私が空手を始めたころ、同じ道場にどうにも苦手な先輩Mさんがいました。

苦手というのは生ぬるい……正直にいえば、大っ嫌いでした。

道場の先輩方はみんな、私より年齢も経験も上の実力者ばかりで、初心者の私が敵うわけがありません。当然、諸先輩方はスパーリングのときはいつも手加減をしてくれていました。

ところが、Ｍさんはいっさい手を抜いてくれません。スパーリングですので、ボコボコとまではいきませんが、いつもコテンパンに叩きのめされました。

「こっちはまだ初心者なんだから、そこまですることはないだろう」

「Ｍだけは絶対に許せない」

いつもそう思っていました。

そして時は流れ、私が競技引退をかけて臨む全国大会の試合がやってきました。

すると、その試合が決まるやいなや、Ｍさんからぶ厚い封筒に入った大量の便せんが送られてきました。目を通してびっくり。なんとそこには、私の技のクセや長所・短所が、びっしりと手書きで書き込まれていたのです。

それだけでなく、試合の戦い方やペース配分などのアドバイスも、イラスト付きで事細かに記されていました。

Ｍさんは、私の過去の試合のＶＴＲを全部見返して、研究・分析をしてくれていたんです。

これには本当に驚きました。Mさんは私のことを嫌っていて、ずっと意地悪をされてきたと思っていましたので……。

今ではMさんにものすごく感謝しています。

と同時に、この話を思い出すたびに、不必要な嫌悪の無意味さを痛感します。


くり返しますが、自分が嫌いだと思っているものでも、冷静に観察していくと、違った側面が見えてくることがあります。

その嫌悪は、自分の思い込みによってもたらされたものであることに気づきます。

そして、新たな世界が広がります。

ぜひとも、そこを目指してください。

不必要な嫌悪を原動力に行動しても、本当の意味での幸せを手にすることはできません。捨て去ったほうがはるかに、幸福で充実した人生を送ることができるのです。

「うまくいったあの人」への嫉妬は自分の心を殺す

○「嫉妬」は他人に対する強い怒り

「自分の好きな人がほかの人と付き合ってしまった」
「職場で若くてきれいな同僚だけがチヤホヤされている」
「友達がＳＮＳに楽しそうな投稿をたくさんしている」

このような場合、相手に対して「羨ましい」「妬ましい」という嫉妬の感情が湧いてしまうことがありますよね。

意外に思われるかもしれませんが、**仏教において嫉妬は「怒り」のグループに分類**されています。

「いいなぁ」と相手を羨みながらも、ほかの人が幸せであることに強い怒りを感じている。

それはいったい、どういうことなのか？

好きな相手を自分のものにしたい。

周りから好かれたい、もっと良い扱いを受けたい。
人よりも充実した楽しい生活をしたい。

これはなにかに近づきたい、手に入れたいと願う「貪（欲望）」の気持ちが働いているということです。

でも、好意を寄せている相手や職場の仲間たちは、私ではないほかの誰かに愛情や関心を向けている、友達や知り合いが私よりも楽しそうな生活をしている、「そんなことは許せない！」という怒りの感情を持ってしまうわけです。

「嫉妬」には、怒りだけでなく、不安、憎しみなどさまざまな感情が複雑に絡み合っていることも大きな特徴といえるでしょう。

恋愛感情がもつれると「好きなのに嫌い」「嫌いなのに好き」というような、なんともいえない感覚に襲われることがありますよね。

いろいろな感情が入り乱れている状態なので、心の混乱状態といっていいかもしれません。知性も理性もあるはずの大人でも混乱して、相手を罵ったり、時には物理的・心理的の両面で相手を攻撃してしまう――嫉妬は、とてもやっかいな感情なのです。

心を濁すとされる毒のなかには、簡単に抑えられるものもあれば、非常に解毒が困難なものもあり、その処理の仕方もさまざまです。

そのなかでも嫉妬は難易度最上位ランク。

仏教でも扱いが難しい感情とされています。

●「本能的な嫉妬」と「社会的な嫉妬」

シンプルな構造をしていない嫉妬だからこそ「人間って本当に面白いな」と感じさせてくれることもあります。

「今、なにしてたの？」

「どこに行ってたの？」

「携帯電話の履歴見せて？」

いくら付き合っている恋人同士でも、いつもそんなふうに束縛されたら、相手は「もういいよ……」とウンザリしてしまいますよね。

でも例えば、連絡もなく朝帰りをして「会社の若い子たちと飲んできたよ」とバカ正直に報告したとします。

そのときに相手が「あ、そう」と素っ気ない態度をとったらどうでしょう？　まったく嫉妬されない、あるいは関心を持ってもらえないとなんだかさみしく感じてしまい、「自分は愛されていないのか？」と思ってしまったりするのではないでしょうか。

ちょっとはヤキモチを焼いてもらいたいけど、焼かれすぎるのも億劫で嫌。これは人間特有の面倒くさい感情かもしれませんね。

嫉妬も捨てられる嫉妬と、捨てられない嫉妬に分けられます。

自分の恋人が浮気をしているとなったら、それは「自分のパートナーを取られたくない」という動物的な本能なので、嫉妬してしまうのはやむを得ないでしょう。

一方で、**人間にとってやっかいな嫉妬というのは、そういった性《さが》のような本能にかかわらないもの**です。

「同期のあいつのほうが早く出世している」

「友達が自分よりも華やかで楽しそうな生活をしている」

「隣の家族は高い車を何台も持っている」

こういった感情は動物的な嫉妬ではなく、これまで生きてきたなかで得た情報や知識の組み合わせによって生まれる嫉妬です。

「こういう暮らしをすることが成功者の証だ」「より望ましい人生だ」という世間の価値観や刷り込みによるものであり、錯覚ともいえるでしょう。

要するに、他人と自分を比べて下す評価なので、人間が社会的な動物であるがゆえに生まれてくる嫉妬ということです。

○ 嫉妬の反対は喜び

「すぐに人と比べて嫉妬してしまう自分が嫌」

それこそ現代ではＳＮＳなどで他人の生活や行動が丸見え状態なので、不必要な嫉妬の感情を抱いてしまう方が多いのも無理はありません。

じつは嫉妬に対する処置は至ってシンプル。

「他人の喜びに対して、あなたも一緒になって喜んであげること」

これが最も効果的です。

ただ、誰しもどうしても競争心があって、ついつい相手を妬ましく思ってしまうものなので、なかなかすぐにはできないでしょう。

例えば、私たちはオリンピックを見ながら「頑張れ！」とスポーツ選手のことを応援したりしますよね。

まったく知らない赤の他人なのに、金メダルを取ると「やったー！」とその活躍ぶりをみんなで喜びます。

そもそも仏教では「嫉妬」の反対語が「喜び」なので、「自分ごとのように、本当に喜んであげることを練習しなさい」とブッダも説いていました。

嫉妬は怒りの一種であり、毒のひとつですので、ずっと持ち続けると心を破壊していきます。

全然知らない人、自分とはレベルが違っていて敵わないと思える人に対しては素直に喜べるのに、これが自分の知り合いや自分と似たようなレベルの人（だと思い込んでいる人）だと、妬ましく思ってしまう。

野球の大谷翔平選手やゴルフの松山英樹選手、あるいは世界的に活躍しているアーティストに対して「妬ましい！」と思う人はほとんどいないでしょう。これが自分のチームメイトや同僚、友達だと嫉妬してしまい、その成功を素直に喜ぶことができないのです。

だからこそ、意識的に喜ぶ練習をしなければなりません。

○他人の成功を喜べる人は自分も幸せになれる

プロゴルファーのタイガー・ウッズ選手は、同じ試合で戦っている相手のショットでも「入れ！」と一緒になって応援したそうです。

ふつうは自分が勝ちたいのですから「外れろ！」と念じてしまいますよね。でも、彼はライバルのショットだとしても、自分の脳内に外れるイメージがつくられることを嫌いました。

自分にとってもネガティブなイメージトレーニングになってしまいますの

で、彼は当たり前のように他人の成功を願い、喜んでいるということです。**そうすることで、いざ自分が打つときにも、失敗する姿ではなく、成功する姿を想像しやすくなり、結果的にポジティブな循環が生まれます。**

この原理を知っておくと、他人の成功を喜ぶことの意義もわかってくるのではないでしょうか。

私の実体験としてもお伝えしたいお話があります。

私は僧侶であるとともに空手家の顔も持っていますが、同じ道場に黒帯を取るのに16年かかった後輩Yくんがいました。

黒帯は流派にもよりますが、私の所属している団体では、8~10年くらいで取得できるので、時間がかかったほうだといえます。

Yくんは試合に出る仲間のためにミット打ちやアップに付き合うことを優先してしまい、自分の試合の出番を忘れてしまうくらいのお人好しでした。

そして、同期や後輩たちがどんどん自分を追い越していくにもかかわらず、妬みの感情などを見せることなく、相手の成功を心から喜んでくれるような人でした。

大会で良い成績を残したことはなかったのですが、「Yくんに黒帯を取らせたい」「Yくんが黒帯じゃなかったら、誰が黒帯だというんだ」——道場にいる誰もがそう思っていました。

だからといって黒帯の昇段試験に情状酌量はありませんので、やはり戦いになると先輩たちに敵わず、何度も何度も倒されてしまっていました。

それでも、16年目のその昇段試験では最後まで闘う姿勢が崩れませんでした。

小さいときからいじめられっ子だったYくんは、強くなりたいと思って空手道場に入り、長い年月をかけて黒帯を手にしたわけです。

本人も泣きながら喜んでいましたが、道場の仲間も同じように一緒になって喜びました。

試合でもなかなか勝てず、後輩たちにも追い抜かれる状況にありながら、Yくんはつねに他人の成功を一緒になって喜べる人でした。

だからこそ、周りの誰からも好かれ、心から応援されたのだと思います。

○「それは本当にほしいものか？」を見極める

そうはいっても他人の成功を喜ぶことはなかなか難しい……と思ってしまう方には、それ以外の対処法もお伝えしておきたいと思います。

ひとつは、競い合わないで済む人間関係をつくることです。

年の離れた人、まったく違う業界の知り合いなど、ふだんの自分の生活とは関係のない場所で出会った人や、属性が異なる人であれば、比較したり、競争したりするところがあまりないため、フラットな気持ちで付き合うことができるでしょう。

誰かに対して「いいなぁ」と思ってしまうのはしょうがないことですし、それ自体がダメなわけではありません。けれども、そこから「どうしてあの人ばっかり！」「自分のほうが……」などといった黒い気持ちに呑まれないことが大切なのです。

「いいなぁ。でも、私は私で頑張ろう」と、自分とは切り離して、切り替えて考えられるようにできれば、苦しい気持ちにとらわれることは減っていくでしょう。

また一方で、「いいなぁ」と感じてしまうことは、**「本当に自分が求めているものなのか？」を自問自答してみる**のも良いと思います。

例えば、毎日たくさんの人に囲まれて食事や遊びを楽しんでいる人や、高価なブランド品に囲まれている人。「たくさんの友達がいる人は優れている」「高価なブランド品を持つのは成功している証だ」などといった、世間の価値観に惑わされていないでしょうか。

よくよく考えてみたら、あなた自身はひとりで静かに過ごすほうが好きだったり、高価なブランド品よりも自分が本当に気に入るものを探すほうが好きだったりするかもしれません。

自分の心を見つめ、「自分が本当に大切にしたいものはなにか？」を考えてみると、苦しい嫉妬の感情がじつは「錯覚」だったことに気がつけるでしょう。

後悔しない人生のコツは「早く墓穴を掘る」こと

○「自分への強い怒り」が後悔を生む

「あのときにこうしておけばよかった」
「なぜあんなことをしてしまったんだろう。やらなければよかった」

こんなふうに過去の出来事を思い出し、クヨクヨと落ち込んでしまうことがあります。そこには、やったことに対する「後悔」と、やらなかったことに対する「後悔」のふたつが存在するわけですが、**根底にあるのは自分に対する「怒り」**です。

ですので、後悔も「瞋」＝怒りのグループに属する感情です。

後悔は、記憶力があるからこそ、過去の出来事を覚えているからこそ生まれる感情であり、人間特有のもの。おそらく、人間以外の動物にはないはずです。

うちのお寺で飼っている犬やヤギを見ていても、彼らが「○年前のあの失敗を後悔している」とは、とうてい思えません。

人間はかなり高度な脳の使い方をしており、「あのときにこうしていたら、今とは違う結果になっていたかもしれない」という想像をめぐらせることができます。だから後悔が生まれるのです。


でも、当たり前のことですが、どんなに悔いたところで過去は変えられません。

私たちには、つねに〝今〟しかなく、今できることをやるしかない。


後悔の念を持ち続けていると、判断力やパフォーマンスの低下を引き起こします。**考える必要のない過去に執着するあまり、今現在に悪影響を与えてしまう可能性があるのです。**

仕事の失敗を悔やんで「なんで、あんなことをしてしまったんだろう」と引きずっていたら、次の仕事の効率が悪くなり、生産性が落ちます。

「次は失敗しないように気をつけよう」と気持ちを切り替えて、今、目の前にある仕事に全力で取り組みましょう。

仕事の失敗は、次の仕事で取り返せばいいのです。いつまでも過去にこだわっていたら、次の仕事の質の低下をまねくばかりか、心身を病んでしまうことにもつながりかねません。

○「後悔」は心の自傷行為

「反省はしてもいいけれど、後悔をしてはいけない。まったく意味がない」

ブッダは後悔というものを非常に厳しく諌《いさ》めました。

「あのときこうしておけばよかった」「あんなことしなければよかった」という後悔は、心の傷口を自分で刺しているのに等しいこと。過去に抱いた嫌な気持ちを、わざわざ、自ら、もう一度味わっていることになるのです。

同じ失敗を何度も悔やむということは、グサッ、グサッと自分をめった刺しにしているのも同然と考えましょう。

いったん気持ちが落ち着いたとしても、その1年後、2年後に再び思い出して……ということをやっていると、全身傷だらけ、トラウマまみれになってしまいます。

いうなれば〝心の自傷行為〟であり、自分で自分を痛めつけていることになります。


後悔の念が生まれるのは仕方がないことですが、ただ悔やむのではなく、なぜそれをやってしまったか（やらなかったか）を冷静に分析して、未来につなげる糧として活かそうとする姿勢を持つことは大切です。

これは後悔ではなく「反省」であり、ブッダも推奨しています。


あえて後悔を楽しむのであれば、それもありでしょう。

「あのときは俺もガキだったなぁ。なんであんなことをしたんだろう。若気の至りって怖いなぁ」

こんなふうに自分のなかで、あるいは他人に対して笑い話にできるのであれば、自分の感情や過去の言動を客観的に見つめられているということです。

いわゆる〝黒歴史〟を明るい話題に変えることができているのなら、思い出したときに心に傷を負うことはありません。

要は、過去に起こった出来事をどうとらえるか。どのように考え、自分のなかでいかに処理していくかが重要ということです。

○「誰かのせい」にしても苦しみは消えない

自分で選んでやった（やらなかった）ことだと自覚する。
決して他人のせいにしない。
これらも、後悔してしまったときにとるべき、有効な対処法です。

「親がこの学校のほうがいいというから入学したのに」
「○○さんの言葉を信じたせいでひどい目にあった」

こういった考え方は、他人に責任を押しつけてしまっています。

相手とどんな関係にあろうが、いかなるアドバイスをされようが、最終的に行動に及んだのは自分自身。その決断を下したのは、あくまでも自分なのです。

ひとしきり悔やんだあとは、他人に責任転嫁せず「自分がバカだった。もう同じことはくり返さないようにしよう」と反省しましょう。

そして、あとになって他人のせい、なにかのせいにしないように、**行動したり決断したりするときは、「本当に自分がやりたいことなのか?」「本心から望んだことなのか?」を自分自身に問いかけたうえで実行していく**ようにしましょう。

自分と向き合うこと、自分の頭で考えることにはパワーが必要で、とてもしんどい作業です。「誰かの言っていること」を鵜呑みにして決断するほうがずっと楽なので、ついそうしたくなってしまいます。でも、後悔のない人生を歩んでいくためには、自分で考えることを諦めてはいけません。

とことん考え抜いて自分の判断で行ったことであれば、たとえどんな結果になったとしても「自分で選んだ道だから仕方がない」と納得することができます。後悔をゼロにすることはできないかもしれませんが、頻度は少なくなるはずです。

また、**起こってしまったことに対する評価を変えるというのも、ひとつの方法**です。

私は子どものとき、親の言いつけを守らずに大けがをしてしまったことがあります。

「危ないからストーブの前で着替えちゃダメだよ」

母親にこう言われていたのに、両親が留守のあいだにストーブの前で着替えようとして、私の真似をしようとした妹と場所の取り合いになり、ストーブの上のやかんをひっくり返して足に大やけどを負ってしまったのです。

そのやけどの跡は、一生消えない傷として残りました。

何度も手術を受け、一時は車いす生活にもなりました。当時はそれがすごくショックで、「どうして言いつけを守らなかったのか」という後悔と、親への申し訳なさでいっぱいでした。

でも、大人になるにつれて、この出来事は自分に対する戒めなのだと思えるようになりました。今では「調子に乗っちゃいかんな」「やってはいけないことをやるのはダメだな」と、傷を見るたびに思うようにしています。

失敗をくり返さないためのありがたい傷。

こう思えるようになるには、人によってある程度時間が必要になるかもしれません。それでも、**このように見方や評価を変えることによって、後悔とさよならすることもできる**のです。

○ 生きているうちに墓穴を掘れ

人生において究極の後悔は、自分が死ぬ直前になって、「あれをやっておけばよかった」「あの人にこれを伝えたかった」などと思ったり、亡くなってしまった人に対して「もっとこうしてあげればよかった」などと思ったりすることです。

そんなタイミングで悔いが発生してしまうと、そこから取り戻すことは難しくなってしまいます。

だから、後悔は若いうちにたくさんして、手放すテクニックを磨いていくに越したことはないと思います。

失敗はいい。

反省もいい。

でも、後悔は良くない。

今からこれを、強く意識しましょう。

元気に生きているうちは、償いや埋め合わせができます。「明日があるさ」が通用します。

しかし、当たり前のことですが、人はいつ死ぬかわかりません。これは自分だけでなく、相手や周りの人だって同じです。**後悔しない人生を送るためには、今現在抱えている心のモヤモヤへの対処を先送りせず、そのときそのときにしっかりと向き合っていくようにしましょう。**

私のお師匠さんは、よくこう言っていました。

「早く墓穴を掘れ」

墓穴を掘るとは、「自ら身を滅ぼす」という意味で使われることわざですが、お師匠さんは違う意味で使っていました。

生前に自分のお墓を建てる、文字どおり墓穴を掘ると幸せな人生を送れるようになるというのです。

これは霊的な力が働くとか、そういうスピリチュアルな話ではなく、自分のお墓をつくる、つまり**死を意識すると「いつか自分はここに来るんだ」という自覚が芽生え、残された人生を無駄にせず、一日一日を一生懸命生きねばならないという覚悟が決まる**――そんな意味合いを含んでいます。

この言葉を最初に聞いた瞬間はきょとんとしてしまいましたが、今ではその真理がよくわかりますし、まさにそのとおりだと実感しています。

生きているうちに墓穴を掘ることとは、後悔のない人生を強烈にバックアップしてくれる有効な行為なのです。

だから、明日死ぬつもりで決断し、今日を全力で生きるように意識してみてください。自分の行動や言動に対して後悔するケースは、今よりも格段に減っていくと思います。

悲しみの感情を
「いったん置いておく」
練習をする

○ じつは「悲しみ」も「怒り」の一種

ちょっと驚かれるかもしれませんが、**「悲しみ」という感情は、仏教的には「怒り」のグループである「瞋」に含まれます。**

人は悲しみにくれた状態のことを、「心が痛い」と表現しますよね。心がなにかしらの攻撃を受けたり、もともとあったものが失われたりすることにより、発生する感情です。

それは他人から殴られて物理的に「痛い」と感じ、怒りがこみ上げてくるメカニズムと同じ。だから、悲しみと怒りは同列に扱われるのです。

例えば、トラブルに巻き込まれてもめごとに発展した場合、「おい、なんだよ」と怒って対抗する人もいれば、悲しくて泣き出してしまう人もいるでしょう。同じ出来事でも、状況や性格によって、怒りに振れることもあれば悲しみに振れることもある。それゆえに、同じグループでくくられているのです。

悲しみは記憶や感情の制御などをつかさどる、脳の前頭前野という部位で感じます。発達した人間の脳は記憶力に秀でているため、過去に起こった悲しい出来事をなかなか忘れられません。だから人間は、何年も前に亡くなった人や別れた相手のことを思い出して涙を流すのです。

人間以外の動物も、今、目の前で起こったことに対する悲しみを感じることはできるといわれています。

しかし、人間の記憶力と想像力はけた違いのため、実際に自分が経験したことだけでなく、聞いたこと、読んだこと、また別の出来事や知識などの情報がすべて相まって、悲しみを増幅させるように脳が仕向けるのです。

想像力がありすぎるがゆえに、これから起こる未来に対して悲しみを抱くこともあります。

例えば、自分の親が病気になり、「余命半年」と医師から告げられたらどうでしょう?

目の前でまだ生きていらっしゃるのに、半年後のことを想像して、落胆し、悲しみ、涙が出てきてしまうのではないでしょうか。

これは人間だけに与えられた特権であり、一方で苦しみを生み続けるある種の難物でもあります。ほかの動物が未来を想像して悲しむことは、おそらくないはずです。

○ 諸行無常を忘れるなかれ

強い「悲しみ」が生じたとき、私たちは自分の心を客観的に見ることができなくなってしまいます。


例えば、生きものの命は永遠でないことを、誰もが知っています。

でも、親しい人の死期が迫ったり、飼っているペットが重い病気にかかったりすると、とたんに客観性を失い、抗うことのできない事実と向き合えなくなってしまいます。

悲しみがどんどん増幅すると、自我、すなわち自分のなかの信念が揺らいでいきます。

そしてここでも、自分のなかにある「妄想」と「思い込み」が暗躍します。

両親はずっとそばにいて自分を守ってくれるもの、恋人との愛は永遠に続くものと〝勘違い〟しているから、それらを失ったときの悲しみは大きくなるのです。

思い込みが強烈であればあるほど、それを揺るがす出来事が起こったときには、とてつもない悲しみを感じることになります。

冷静になれば、客観的に自分を見つめれば、通常は年長者から先に亡くなっていくことも、ほとんどのカップルがいつかは別れを迎えることも、なにもかも理解しているにもかかわらず、「そんなことはない」と信じたい別の自分(＝自我を失った自分)が顔をのぞかせ、悲しみを後押しするのです。

結局のところ、悲しみという感情は、おもに大切な誰かとの別離、あるいは誰かからの攻撃(裏切り)によって起こります。

自分の心の中に形成されている期待や願望が崩れ、一部が失われることで生じるわけですね。

現実にそういうことが起こってしまったのに、受け入れたくないという気持ちはわかります。自分の近くにいてほしいものが離れていってしまうわけですから。

しかし、ここで思い出していただきたいのが、諸行無常の考え方。**この世のすべてのものは仮の状態、変わっていくもので、永遠に続くものはひとつとしてありません。**これをつねに心の中に留めておきましょう。

対象が家族、恋人、親友など、好きな人であれば、それはそれは悲しいでしょう。それでも「いつか別れがくる」ことを意識していた場合と、まったくしていなかった場合とでは、受ける悲しみの度合いは大きく変わってきます。

これが、悲しみという感情をコントロールするための、ひとつのテクニックです。

◯「悲しみ」をコントロールする効果的な技術

悲しみをいったん脇に置いておく、という方法も有効です。

例えば、失恋したばかりのときに職場で突然部署の異動が決まってしまったら、新しい仕事を覚えたり、新たな人間関係をつくることに必死になり、恋愛について考える時間や心の余裕がなくなってしまったりしますよね。

このように**悲しんでいられない状況や、それよりも優先しなければならない用件を、自ら強引につくってしまう**のです。

あくまで可能であればという前提になりますが、転職をしたり、引越しをしたり、旅行をしたり、新たな習い事を始めたり――ということができれば、「それどころじゃない」状況になるため、心の中の悲しみを抑えることができます。

同じ場所にずっといたり、悲しみの対象とともに過ごした日々を思い出すような環境に身を置いたりするのは、お勧めできません。いつまで経っても、気持ちを切り替えることができず、落ち込んだままになってしまいます。

大事なのは理性を働かせ、自分の感情を客観的に見つめること。論理的にものごとを考え、「自分の悲しみを手放していくために自分の意志でこれをやっているんだ」と認識したうえで行動すれば、悲しみをうまくコントロールできるようになると思います。

●本書へのご意見・ご感想をお聞かせください。

ご協力ありがとうございました

郵便はがき

切手を
お貼りください

105-0003

（受取人）
東京都港区西新橋2-23-1
3東洋海事ビル
（株）アスコム

自分という壁

読者　係

本書をお買いあげ頂き、誠にありがとうございました。お手数ですが、今後の出版の参考のため各項目にご記入のうえ、弊社までご返送ください。

お名前	男・女	才
ご住所　〒		
Tel	E-mail	
この本の満足度は何％ですか？		％

今後、著者や新刊に関する情報、新企画へのアンケート、セミナーのご案内などを郵送またはeメールにて送付させていただいてもよろしいでしょうか？
□はい　□いいえ

返送いただいた方の中から**抽選で3名**の方に
図書カード3000円分をプレゼントさせていただきます。

当選の発表はプレゼント商品の発送をもって代えさせていただきます。
※ご記入いただいた個人情報はプレゼントの発送以外に利用することはありません。
※本書へのご意見・ご感想およびその要旨に関しては、本書の広告などに文面を掲載させていただく場合がございます。

そういう意味でいうと、葬送儀礼のしくみって非常によくできているんです。

近しい誰かが亡くなると大きな悲しみが生まれますが、それと同時にその事実を故人と交友のあった人たちに連絡したり、葬儀業者を手配したり、次から次へとやることがでてきて、お通夜だ、告別式だとてんやわんやになります。

そして、ご遺体を荼毘《だび》に付し、お骨を骨壺に入れて、ご自宅に運んで、弔問客に挨拶をしてと、息つく余裕もありません。葬儀が終われば、今度は役所への届出や、さまざまな手続きが必要になります。

「悲しいけれど、悲しんでいる暇がない」

しばらくそんな状況が続きます。

そうこうしているうちに四十九日を迎えるわけですが、そのころには少し気持ちが落ち着いているという方は多いのではないでしょうか。本来であれば悲しみに包み込まれてしまう期間なのに、その感情を後回しにしてでも目の前にやらなければならないことがあると、そのあいだに少しずつ悲しみが薄らいでいくからです。

お葬式や法事といった葬送の儀式は、私たちの悲しみを癒し、気持ちを整理して受け入れていくために大きな役割を果たしていたりするのです。

○ 悲しみ尽くした先に見えてくるもの

最後にもうひとつお伝えしたいのは、「徹底的に悲しむ」ということです。

人間の情動というものは、どんなに大きくても、最終的には脳内でセロトニンというホルモンが分泌されることにより、落ち着くようにできています。

もちろん個人差はありますが、**悲しみという感情が限界に達すると、その後は上向きな気持ちに転じるようになる**のです。

私は2011年3月に起こった東日本大震災のあと、ボランティアとして何度も現地に足を運びました。

震災直後に被災者の方々が受けた悲しみは想像を絶するもの、筆舌に尽くしがたいものだったでしょう。

でも、それから数年後にお話をすると、「もう、しょうがねえよ」「こうなっちゃったものは変えられないから、ここから頑張るしかないな」といったような言葉が、多く聞かれるようになりました。

おそらくみなさんは、徹底的に悲しんだことで「悲しみという感情だけでは前に進めない」ということを理解されたのだと思います。

その境地に到達すると、感情よりも理性が強くなり、「これを片づけて、次はこっちを直して」というふうに、復興に向けて論理的にものごとを考えるようになる――そんな様子が伝わってきました。

悲しみはとてもつらい感情ですが、無理をして忘れようとしたり、我慢をしたりするのはいけません。目を背けたいがために、自分の心に完全に蓋《ふた》をしてしまうのは絶対にNGです。それではずっと心が癒えないままになってしまい、心身の健康を損ねてしまう可能性もあります。

大事なのは、好きなモノやコトはいつか必ず自分から離れていくと覚悟し、諸行無常を忘れずに日々を過ごすこと。そして、できるだけ客観的に自分に向き合い、徹底的に悲しんだり、時には悲しみをいったん脇に置いたりするなど、この感情をコントロールできるように努めていく。
その積み重ねが、今よりも苦しみの少ない人生を築き上げていくのです。

第3章

「無知」の壁の乗り超え方

「なんとなく不安」は正体を見える化すれば捨てられる

○ 未来に対する想像力が不安を生む

なにか具体的な問題があるわけではないのに、なんとなく心がそわそわして不安になってしまう、ということがあります。

「不安」は、私たち人類が脳を発達させたことによって獲得した〝記憶力〟と〝想像力〟という、ふたつの能力のコンビネーションです。

第2章の悲しみに関するお話でも触れましたが、怒りのグループに含まれる感情は、おもに今の出来事や過去の出来事について生じるものなのに対し、**不安は未来に対して想像力を働かせたとき**に生まれます。

未来をあれこれと予測し、「こうなったらこうしよう」という対策を講じていくことは、危険を回避して生き延びていくために必要な能力です。

しかし、持っておいたほうが良い不安と持っていても意味のない不安があります。

例えば、なにかの試験があったとします。

「合格しなかったらどうしよう」と不安になり、一生懸命に勉強する。

これは目標に向かう活力になっているので、問題ありません。

一方、「将来がなんとなく不安」でモヤモヤしているけれど、なにをしたらいいかわからず、毎日を元気なく過ごしている。

これは、持っていても意味のない不安です。

不安を感じたときに大切なのは、自分がなにに対して不安を感じているのかを明確にすることと、それを解消するために具体的な行動をしていくことです。

具体的な行動に結びつけることができない「なんとなく不安」な感情は、持っていても意味がなく、ただ心が重たくなるだけです。

不安から抜け出したければ、そこをはっきりさせる必要があるのです。

○現代社会で最も注意が必要な「恐怖」という感情

不安と近い感情に「恐怖」があります。恐怖は、物理的なもの、精神的なもの、あるいはその両方に対して抱く感情です。

例えば、自分より体が大きくて力が強いものに出会ったとき、危害を加えられたり、命の危険を感じたりするときに覚えるものであり、非常に動物的な本能ともいえるでしょう。

つまり、すべての生きものにプログラミングされている情動で、**なにか危機となることを回避するためにも欠かせないもの**なのです。

一方、現代社会では差し迫った命の危険はないのに、必要のない恐怖を勝手に感じてしまうことで、生きづらさが生まれている印象を受けます。

そういう意味では、私は**最も気をつけなければいけない感情**ではないかと思っています。

例えば、会社に入って、仕事をして、お給料を稼ぐ。年収を1000万円、2000万円、「もっと稼げるようになりたい！」と高いモチベーションを持つことは、一見すると良いことのように思えます。

でも、それは裏を返せば「お金を失ったら怖い」「もっともっとお金を稼がなければいけない」という恐怖感に駆られているともいえます。

そして、タチの悪いところは、それを悪用する人が少なくないということ。

ちょっと話が飛躍してしまうように感じるかもしれませんが、そういった感情を利用してきた宗教もあります。

「〇〇しなければ地獄に落ちますよ」

「□□すると悪いことが起きますよ」

そうやって必要のない不安をどんどん煽ってきます。

自分としては「頑張ろう」「努力しよう」というポジティブな感情に基づいて行動しているつもりでも、じつは恐怖によって煽られたり、感情をコントロールされたりしていることが、とくに現代社会では少なくないのです。

火や水、ライオンなどの外敵といった物理的なものに対する恐怖は減ってきましたが、その代わりに目に見えないもの、精神的な恐怖が増えていることに現代社会の大きな問題があると感じます。

○ 不安は知らず知らずのうちに恐怖へと変わる

「老いに対して不安を感じるな」

「死に対して不安を感じるな」

そんなことを言っても、なかなか難しいですよね。

でも、ほかの動物たちは自分が死ぬことを知らないですし、そこに不安や恐怖を感じることもないと思います。

犬も猫も「ぼくは何歳になったら死んでしまうのだろう？」などとは考えないでしょう。

ところが、人間は未来に対して不安を感じますので「病気になったらどうしよう」と考えて健康に気を配ったり、「安心して老後を過ごすために貯蓄をしよう」と計画を立てたりします。

こういった不安は、人生を明るく、そして楽しく生きるために有効的に活用されているといえるでしょう。

逆に、自分が持つ能力の衰えに対して不安を持っていない人は、やはり横着してしまいがちです。

「自分は大丈夫だ」と慢心して、車の運転をする高齢者の事故が後を絶ちませんよね。

これは自分の判断力が鈍っていることに気づかず、それこそ「人を轢《ひ》いてしまったらどうしよう」という不安を感じていないからです。

まずは、**無理に不安をなくそうとするのではなく、しっかりと不安に向き合うこと**が大切。

石橋を叩いて渡れとまではいいませんが、自分のリスクを回避するうえでも必要な不安があるということは覚えておきましょう。

怖いのは必要のない不安を感じることで、どんどん新たな不安を呼び込み、それが知らず知らずのうちに恐怖へと変わってしまうことです。

マスコミのニュースは最たる例といえますが、あまりにも不安を煽りすぎると、それによってパニックを起こしてしまう人が出てきます。

恐怖の感情が優位になると理性が働かなくなり、正しい判断もできなくなります。ひどい場合には、悪意のある人に騙され、挙句の果てに心身を損なって病気になってしまう——こんな理不尽はありませんよね。

今や、怪しい宗教、投資セミナー、自己啓発セミナーはもとより、政府もマスコミも企業も、しれっと人々の不安を煽るのが常とう手段です。

最初は小さな不安だったことが、いろいろと「よくない話」を聞くうちに恐怖に変わり、自分が理性的に判断できなくなったところを付け込まれるので、騙されてしまうのです。

新型コロナウイルスや円安、世界各地での戦争、紛争など、今や誰もがつねになにかしらの不安を感じて生きています。

そこに人間の心理に精通したプロが悪巧みを仕掛けたらどうなるか。最初から人々が感じている不安という弱みを握っているのですから、そんなタイミングで声を掛けられてしまうと、どうしても冷静な判断はできません。

人々の不安という感情は侮れないもので、パニックが伝染すると世の中を大きく動かすほどのエネルギーを生み出してしまいます。

オイルショックのトイレットペーパー騒動然り、女子高生の冗談がまねいた豊川信用金庫の噂話然り、理性的な判断ができなくなった不安の塊は、もう恐怖以外のなにものでもありません。

○ 不安や恐怖を感じている自分自身を受け入れる

「もう一度、自分の理性を取り戻すためには、どうしたらいいのか？」

そのための手段が瞑想です。

一日一回、自分の内側にある感情に向き合い「これは本当に必要な不安なんだろうか？」と振り返る時間を設けること。

「なんとなく不安」などといった漠然としたものではなく、不安の中身を具体的に「見える化」していくことが必要です。瞑想して明らかになったものを、ノートなどに書き出してみるのもよいでしょう。

そのうえで不安なものごとに対する情報を集め、対策や行動するための準備をしていけばいいのです。

私も空手で初めて全国大会に出場したときは、不安に押し潰されそうでした。そのときに先輩に言われたことは「とにかく練習しろ」のひと言です。

自分の不安と向き合い、徹底的に練習をしておけば、それが「これだけ練習したんだ」という自信へと変わります。そのなかで自然と不安は小さくなりました。

また、不安そのものをなくすことはできないかもしれませんが、でき得る限りの準備をしてきたのであれば、「これだけやってダメなら仕方ない」と、いい意味で諦められると思います。

もうひとつの方法としては、カウンセラーやその道のプロと呼ばれる人たちのアドバイスを受けることです。

自分自身の不安を見つめられず、冷静にものごとを考えられない……。それこそ不安が恐怖へと変わってしまいそうな状態のときには、自分ひとりでなんとかしようとせず、人の力を借りることをお勧めします。

例えば、将来のお金に関することが不安なのであれば、ファイナンシャルプランナーに相談してみる、就職や転職のことで悩んでいるのならキャリアカウンセラーに話を聞いてもらうなどです。

すぐに話を聞いてもらえるような専門家やカウンセラーが近くにいなければ、ふだんから信頼を寄せている知人や友人などに甘えて相談しましょう。

ほかの人に話すことで、感情に占拠されていた心に第三者による冷静な視点が入り、自分の状況を客観的に見つめられるようになることが少なくありません。

最終的には自分自身で解決策を見つけなければなりませんが、そのきっかけをつかむためにも誰かに話を聞いてもらうことには意味があります。私が『大愚和尚の一問一答』で伝えていることも、冷静さを失ってしまった人の理性をもう一度呼び起こすためのお話です。

混乱状態の心にちょっと冷水をかけるといいますか、「こういうふうに考えるのはどうでしょう？」と不安の正体を見つめ直すためのアドバイスをしているのです。

ここでひとつポイントになるのは、家族に頼るのもいいですが、家族以外の〝第三者〟にも頼ること。

よほどしっかり者の家族がいれば話は別ですが、やはり自分の子どもや親、兄弟などが苦しんでいるとなると「なんとかしてあげたい！」という思いが強くなりすぎて、一緒になって不安の渦に巻き込まれてしまい、冷静な判断ができなくなってしまうことがあります。

私たちがなにか状況を判断するときには、ふたつのシステムが働きます。ひとつは経験則による直感で、もうひとつは論理的な思考による決断です。直感というのは当たるときもあれば、外れるときもある。データに裏づけてみると、意外と思い込みにすぎなかったということもままあるでしょう。

この直感に従って感情的にものごとを決めていった場合に、結果として望ましい未来に結びつかない、あるいは正しい選択ができないということを、しっかりと理性を働かせて知ることが仏教の秘訣とされています。

なによりも大切なのは、不安や恐怖を否定するのではなく、それを感じている自分自身をしっかりと受け入れること。「私は○○を不安に思っているんだ」という事実を明確にして、自分で認めること。

そしてそれを認めたうえで、「本当にそうなのかな？」と一歩引いて冷静に考えてみる。

これがブッダの智慧であり、対処法としての結論でもあるのです。

自分の人生の「優先順位」がわかると焦りはなくなる

○ 希望と絶望の間にある「焦り」という感情

不安と近い感情に、「焦り」があります。

「仕事で思うような結果が出せない」
「将来設計の見通しが立たない」
「結婚したいのに恋愛がうまくいかない」

など、大きなテーマに対して焦りを感じることもあれば、

「上司から突然急ぎの仕事を頼まれてしまった」
「急なトラブルで待ち合わせに遅れてしまいそう」

など、日常のイレギュラーな事態に対して焦ってしまうこともあるでしょう。

いずれにしても、落ち着きを失い、慌ててしまっている状態です。

不安や恐怖に比べると、焦りは「まだできることがある」と心のどこかで希望を持っているものの、「なにをすればいいか?」という具体的な解決法や対処法が思いつかない——そんな感情だといえます。

○焦りをポジティブなエネルギーに変換する

面倒なのは、打つ手が思い浮かばないのに、焦ったところで状況はなにも変わらないのに、人はこの感情を簡単に抑えられないところにあります。だから、焦って慌てたせいで事故を起こしてしまったり、周囲の人にイライラをぶつけて関係を悪くしてしまったりするんですね。

人身事故など鉄道会社に非がない理由で電車が遅れているときに、一生懸命対応をしてくれている駅員さんに怒りをぶつけてしまうような人もいます。怒りをぶつけたところで電車が動くわけでもないですし、「本当に心に余裕がないのだなぁ」と思います。

焦りに端を発した失敗は必ず起こります。

焦り続けていいことはありませんし、日頃から焦りがちで気持ちに余裕を持てない性格の人は、のんびりした性格の人より、ストレスを多く溜め込むことになるでしょう。

ただし、焦りという感情を全面的に否定する必要はありません。逆転現象という表現が的確かどうかはわかりませんが、時に焦りが功を奏するシチュエーションがあるからです。

クリエイティブなお仕事をされている方が、締切間際のタイミングで精神的に追い込まれて焦っているなか、ポンと良いアイデアがひらめいて、素晴らしい作品に仕上げることができた、などという話はよく聞きます。

また、ピンチに陥って焦ったからこそ、自分の心を落ち着けようと冷静になって、それこそ〝火事場の馬鹿力〟のように、ふだんの自分では出せないようなパワーが発揮でき、ピンチから脱出できることもあります。

明らかな準備不足などにより、しょっちゅう焦ってばかりで他人に迷惑をかけてしまうのはよろしくありませんが、たまに経験するぶんにはまったく構わないと私は考えます。

「なにを優先すべきか？」を自分のなかで決めておく

とはいえ、できることならこの焦りという感情も手放していきたいですよね。

そのためにはどうしたらいいか？

特効薬というには弱いかもしれませんが、理想は先ほどお話ししたように、焦りを逆にうまく利用して、ポジティブな力に変えていくことでしょう。

そして、焦っている状況化でなにを選択すべきか、あらかじめ優先順位を決めておくことが大切です。

焦りで心がいっぱいになっていたとしても、理性を働かせて、与えられた状況のなかでどのように行動するのがベストなのかを客観的に考えるようにしていけば、感じる焦りは少しずつ和らいでいきます。

例えば、職場の直属の上司が高圧的で、いつも仕事を急かしてくるタイプの人だったとします。

そりゃあもう、焦りますよね。

でも、それが日常茶飯事なのだと割り切って接すること、そしてこちらがその状況に慣れるようにしていけば、自然と焦る気持ちは減っていくでしょう。

焦りは心身が緊張状態になったときに起こります。緊張するというのは、特定のものごとに集中しなさいと体が訴えかけていることの証。だから、なにかを思考する好機と前向きにとらえたほうがいいのです。

また、もっと漠然とした焦りを感じている場合もあるでしょう。例えば、「周りの友達がどんどん結婚していくのに、自分にはそんな相手も出会いもない」「同期が着々とキャリアを積んでいるのに、自分は何年も足踏みをしている」など。

こんな場合は、先ほどの不安と同様に、**「自分がなにに焦りを感じているのか?」「なにをいちばん大切にしたいのか?」**を明確にし、**優先順位を明らかか**

にしていく必要があります。

もし、とにかく早く結婚がしたいと考えているのであれば、出会いの場に積極的に出かけたり、友人に誰かを紹介してもらったりするのも良いでしょう。よくよく考えてみたら、なんとなく周りに流されて焦りを感じていただけで、今の自分は結婚よりも仕事を第一に考えたいと思っていた、という自分の本音に気がつくこともできるかもしれません。

焦りの中身をはっきりさせて、それに対して具体的に行動していくことができれば、自然と焦りの感情は消えていくはずです。

焦ったまま緊張状態を継続していると、心身に負担がかかり、場合によっては心を病んでしまう可能性もあります。

それを防ぐためにも、焦りの感情に振り回されないようにしていきましょう。

慣れる、なじませる、利用する、具体的に考えて優先度の高い行動を選択する。これをひたすら実践してみてください。

その人の「発言」ではなく「行動」で評価する

○ まずはなにごとも疑ってみる

ふたつ前の項目で、不安や恐怖についてお話ししました。この不安や恐怖を感じた体験が自分のなかに積み重なっていくと、いろいろなことを信じることができないという、「不信」の感情につながっていきます。

恐怖のところでもお話ししたとおり、生きていくうえで危機やリスクを回避するためには必要不可欠な恐れがあります。人間が捕食動物などの脅威にさらされていたころは、この恐怖や不信感を持つことが慎重な行動につながり、生き延びることができていたというわけです。

現代では、突然目の前に敵が現れて襲われるようなことはほとんどありませんが、逆に私たちを精神的に脅かすものに対しての不信感は非常に重要だといえるでしょう。

会社の経営にしても、自分の人生にしても、世の中には良い人ばかりではなく、人を騙そう、陥れようとする悪意を持った人たちが少なからずいます。

現代社会には、投資詐欺であるとか、オレオレ詐欺やマルチ商法であるとか、そういった類《たぐい》のものがはびこっていますから、まずは疑ってみることはとても大切。昔とは意味合いが異なってはいますが、人間が生き残るためには、不信感自体は持つべき感情なのです。

○人生に必要なのはバランスの良い不信感

しかし、必要なものとはいえ、不信感が強すぎる人はどうしてもストレスが溜まりやすくなってしまいます。

つねに「この人は信用できないんじゃないか?」「自分を騙そうとしているんじゃないか?」と怯え続けることになりますので、それでは気が休まりません。

不安や恐怖が強くなりすぎるとさらに不信は増幅していきます。つまりこれは、自分に危害を加えられたり、自分がデメリットを被《こうむ》ったりすることに対する恐れともいえるでしょう。

気をつけなければいけないのは、**人に対してずっと不信感を持ち続けて接していると、自分自身が誰からも信用されなくなってしまう**ことです。

「本当なのかな？」

「嘘をついているんじゃないのかな？」

そんなふうに、相手に対してつねに疑いの目を向けていたら嫌がられてしまいますよね。

不信感を持つこと自体は大切です。でも、極度な不信は疑心暗鬼な思考が強くなり、自分の心身を疲弊させるだけでなく、自分自身も相手から信頼されず、見放されてしまう可能性があるということです。

例えば、運転免許の安全運転講習会などでは「物陰から人が飛び出してくるかもしれない」という危険予測の勉強をしますよね。

じつは、この考え方は仏教の教えそのものなのです。

不信がなければ安全に車を運転することはできません。

だからといって、不信が強すぎると今度は運転すること自体が怖くなり、そもそも走り出せなくなってしまうでしょう。

仏教でいわれる〝つねに自分を観察して、自分を戒める〟というのも、このように「自分がなにかやらかしてしまわないか？」と自分自身に不信を持っていないと、それが思い上がりになってしまうということなのです。

一方で、自分や周りに対して不信を抱きすぎるとなにごとも前に進めなくなってしまいますので、なによりバランスをとることが重要になります。

自分の頭で考え、信頼できる人と答え合わせをすること

誰かが口にしていたことを鵜呑みにして、まったく批判したり疑問を持ったりせずに言葉を受け入れてしまうことは「痴」になります。無知であるということです。

ブッダはお弟子さんたちに説法したあとに必ずこう言いました。

「今、私が話したことに疑問があったり、懸念があったりするのであれば、遠慮なく質問しなさい」

それでも誰も手を上げないのであれば、もう一度同じ質問をくり返します。そして、それを2回、3回と全員が納得するまで続けていきます。

どういうことかというと、**相手がたとえブッダであったとしても、人が言ったことを盲目的に受け入れるべきではない。むしろ、疑ってかかれ**という教えです。

ちなみに、智慧のない人が一生懸命考えて、自分なりに合理的な判断を下したとしても、無知は無知であることに変わりはない――それもブッダの結論でした。

「愚か者は自分だけで判断するのではなく、賢い人の言葉に耳を傾けなさい。そして、自分の考え出した答えと、賢い人の意見を照らし合わせなさい。もしそれが一致しないのであれば、自分が愚かであることを理解し、自分の考えていることを疑ってみなさい」という教えを説いているのです。

これは、「人も自分も信じるな」ということではありません。

しっかりと自分が信頼できる人、優れた人や智慧のある人を側に置き、そ

ういった人の意見につね日頃から触れていなさい。一方で、そういった人に対しても「本当に正しいのかな？」とつねに自分自身で考えることを怠ってはいけません、ということです。

これを前提にすると、必要のない不信というのは、信じるべき人を信じられない感情ということになります。

愚かな人が自分ひとりで考えてしまうと、知らないうちに道を踏み外してしまいます。相談すべき相手、本当に信じられる人に相談しなかったがために、いつのまにか怪しい人を正しいと思い込んで騙されてしまうのです。

例えば、親は必ずしも万能であるとは限りませんが、なにか困ったことがあったときには、子どものためを思って一生懸命に助言してくれるでしょう。そのように、あなたのことを真剣に考えてくれている人を信じられなくなったらおしまいだということです。

不信感は大事なことではあるけれども、本当に信じるべきものを信じられなければ、今度は救われないことになってしまう。

このあたりが「痴」のグループに含まれる所以《ゆえん》で、不信という感情の難しい部分でもあります。

○「信じるべき人」の見極め方

『大愚和尚の一問一答』で「大愚和尚のことは信じていいんですか？」という質問をいただいたことがあります。

今の時代は、それこそマインドコントロールのような怪しい話もありますからね。

「いやいや、私のことも疑ってください」

これが私の答えであり、仏教の考え方のスタンスでもあります。

先ほどもお話ししたとおり、ブッダは疑問がなくなるまでお弟子さんたちに質問させました。

どんな質問も受けつけますし、どんな批判も受け入れます。

さまざまな角度から理論を崩そうとして、それでも崩せなかったとしたら、それはあなたが納得できることであり、信じるに値するものなのかもしれません。

例えば、教育と洗脳には明確な違いがひとつあります。

教育は相手の利益になるように情報を伝えていきますが、洗脳は自分の利益になるように情報を伝えます。

結局のところ、自分でしっかりと知識をつけて経験し、そして判断していくことが重要なのです。


現代社会では価値観が多様化し、玉石混交のさまざまな情報が溢れています。だからこそ、自分にとって本当に大事なものを見極めるための、良い意味での不信感が求められています。

自分自身さえも疑ってみる。

そして、他人のことも一度は疑ってみる。

そのうえで、自分の智慧を活かして、あらゆる角度から検証してみて、現時点でベストだと思えるものを選び、信じていく。

具体的な方法を挙げるとすれば、これはブッダの言葉にもありますが、**その人が言っていることではなく、その人が成したことや、結果を見なさい――**

口先だけで行動が伴っていない人は信じるに値しないということです。

「お坊さんなのに他人を疑ってかかるという発想はどうなの？」

そんなふうにおっしゃる方もいますが、それがブッダの教えなのです。私はそれが誰の言葉であれ、一度きちんと疑ってみます。

そうすることで、本当に自分のことを思ってアドバイスしてくれる人や、本当に智慧のある人を見極められるようになるからです。

「諦める」ことで、大切なものが明らかになる

●「この世の終わり」は新しい世界への第一歩

「大好きだった人と別れた」
「大切な人が亡くなった」
「第一志望の採用試験に落ちた」
「信頼していた人に裏切られた」

そういう瞬間が訪れると、私たちは絶望します。

しかし、「絶望」が突然やってくるわけではありません。いくつかのステップを踏むといいますか、絶望に到達するまでには「悲しみ」や「落胆」など、必ず別のネガティブな感情が生じています。

まずこれらがあって、その程度が甚《はなは》だしくなったときに、絶望へと移行していくわけです。

絶望するような状況に陥ったら、大きなショックを受けるでしょう。

「この世の終わり」

「もう生きていられない」

場合によっては、そんなふうにとらえる人もいらっしゃるかもしれません。

打ちひしがれ、無気力になり、笑顔が消え、他人と接点を持つことを拒絶し、最悪の場合は自ら命を絶ってしまったり……。

絶望という感情が、このような悲劇をまねくケースは多々あります。

いずれにせよ、心身ともに一時的に相当なダメージを受けるので、仕事や勉強など、日常生活におけるすべてのパフォーマンスが低下したり、判断が鈍ったりすることは間違いないでしょう。

なにせ〝望〟みを〝絶〟たれてしまったのですから。

では、絶望にいっさいの救いがないかというと、そんなことはありません。

逆に、ポジティブにとらえることもできます。

絶望したということは、すなわち「限界を迎えた」「今よりもさらに落ちることはない」状況にあるということです。

であれば、「絶望したのはつらいけれど、望んでいたものはもともと自分には手の届かないものだった」と別の視点でとらえなおしてみたり、「自分にとってそもそも必要のないものだった」と考えることはできないでしょうか。

もしかしたら絶望を感じた瞬間は、自分にとって本当に大事なものを見極めていくチャンスかもしれないのです。

「ひとつの方向性に対して望みが絶たれた」ということは、「違う方向性に対して可能性が開けた」ということでもあります。

○ どん底まで落ちたときに見えてくるもの

私は今「大愚元勝」と名乗っていますが、かつては「仏道元勝」という僧名でした。名前を変えるきっかけになったのは、なにを隠そう「絶望」です。

修行中の身だった私は、一生懸命に「なにか覚りを開かなきゃ」「もっと良い人間にならなきゃ」ということをずっと考えていました。

でも、どんなに修行に励んでも、なかなかその境地にはたどり着けません。

人生に絶望した私は、師匠に「もうダメです」という旨の手紙を書きました。

すると、返ってきた手紙にこう書かれていたのです。

「落ちろ！　落ちるところまで落ちろ！　おまえは大きな愚か者だ。だから今日から『大愚』を名乗れ」

これを読んで気づかされました。「そうか、私は自分の愚かさを認めていなかったのだ」と。そして、「もっともっと」という欲やあがきを捨てて、心機一転やり直す決意を固めることができました。

まさにこの出来事が、私にとって人生の転機になったのです。

だから私は今、次のように考えています。

中途半端に受けたショックというのは、致命傷にならないため、人はまた愚かな行為をくり返してしまう。

どうせショックを受けるのなら、立ち直れなくなるくらいの大きなものであったほうがいい。

であれば、次のステップに進めるし、似たような過ちをくり返さないようになる。

したがって、絶望はできるだけ早く、なるべく若いうちに感じたほうがいい。

というように、完全にプラスにとらえているのです。お寺では日々、お弟子さんたちに「早く絶望しろ、早く絶望しろ」と言っています。みんなけっこうしぶとくて、なかなか絶望してくれませんが（笑）。

そして、**絶望から立ち直るということは、それまで抱いていた自分の願望を手放すことができたということ、「諦め」を受け入れられたということ**です。

これは決して、悪いことではありません。

仏教では、煩悩的なことは全部諦めたほうがいいと説かれています。

食欲、性欲、権力欲、金銭欲。そういった欲望を手放していく、つまりは諦めていくことができてはじめて「覚り」に近づけるのです。

「諦め」には「ギブアップ」という意味がありますが、仏教では「明らかにする」という意味でも使われます。

自分にとって本当に必要なものであるか否かを明らかにしていく。

設定した目標の実現性や、自分の心技体の適性を見極めていく。

この行為が「諦め」とイコールで結ばれるんですよね。

本当に必要なものだったら、どんなことがあっても諦められません。**諦めることができたということは、それが本当に必要なものではなかったということ。**

自分に適した別のなにかがある。

絶望のあとには希望しかない。

これに気づくことができたのだ、と考えるようにしましょう。

○「諦め」を受け入れられないと苦しみが続く

このスタンスは、人生のいかなる場面においても通用しますし、効果を発揮します。

進学や就職における絶望はその典型例です。

進学校に通っていて、偏差値も申し分なく、模擬試験ではつねに志望校に対して合格率80%以上のA判定。このような人が受験に失敗すると、もれなく絶望してしまいます。

諦めきれずに同じ志望校を目指して浪人するのは構いません。

でも、次の年も、その次の年も失敗して、2浪、3浪とくり返していくのはいかがなものか……。その大学はこの人にとって、本当に必要なものではなかった、ということではないでしょうか。

滑り止めで受かった大学に、妥協して入ったケースも然り。こういうケースではたいてい諦めを受け入れられず、4年間悶々とし続けたりします。

「こんなはずじゃなかった」

「ここは自分のいるべき場所ではない」

そうやって現実を直視せず、同級生を見下しながら学生生活を送るのです。

就職も思うようにいかなかったら、さらに〝ないものねだり〟は加速するでしょう。

受験に失敗して絶望したあと、「第一志望の大学には縁がなかったのだ」「これが今の自分の真の実力だから仕方がない」と、その出来事の意味をとらえなおすことができていれば、苦悩やコンプレックスを抱えることなく、新たな気持ちで充実したキャンパスライフを送ることができたかもしれません。「諦め」を受け入れたことでそれまで気づいていなかった才能や適性が開花し、希望した会社に就職できていたかもしれません。

恋愛についても同じで、好きな人にフラれて一度絶望しても、それをずるずると引きずらないこと。「もっと自分に合う人、素晴らしい人に会うチャンスが生まれた」と考えましょう。

世の中で「成功者」といわれる人たちは、たいてい人生のどこかで絶望を経験しているものです。そこに希望はないと気づけたからこそ、別の道に希望を見いだし、サクセスロードを歩むことができた。そんなパターンが大半ではないかと思います。

お笑い界のレジェンド・明石家さんまさんは、かつてこんなことをおっしゃられました。

「生きてるだけで丸儲け」

まったくもって、そのとおりです。

プラス思考のかたまりのように見えるさんまさんの生き様は、絶望を感じている人たちにとって、またとないお手本になるのではないでしょうか。

死の絶望を乗り超えた母の心の強さ

死を意識しなければならないような状況に直面し、絶望したときもこの考え方を忘れないようにしていただきたいと思います。

例えば、がんになってしまい、ステージ4まで進んでいることが判明し、余命宣告を受けたとしても、下を向かないということです。

がんになったら、誰もが大きなショックを受けるでしょう。

でも、まだ死ぬと決まったわけではなく、生きています。みんな、そのことが頭から飛んでしまうんですよね。**そこに希望を見いださなければ、残された時間を大事に過ごすことはできないでしょう。**

自分の生活習慣を悔やんだり、苦しんだり、悲しんだりしている間にも時間はどんどん過ぎていきます。

それはとてももったいない。限りある時間を有効に使うために、「これからの時間を後悔なく過ごしていこう」という希望を持つことが大切です。

「やりたいことがあったらやってください。行きたいところがあったら行ってください。謝りたい人がいたら早く謝ってください」

私は、病気になられていつお亡くなりになってもおかしくないという状況の方に対しては、こう言うようにしています。

身近なところでいいますと、私の母は、まさに絶望を希望に変えて、ある種の奇跡のようなものを起こしてくれました。

5年ほど前に受けた健康診断でステージ3の大腸がんが見つかり、医師に次のように言われました。

「転移している可能性がありますし、ご年齢がご年齢ですので、仮に手術で切除できたとしても、歩けなくなるかもしれません」

このとき母は82歳。歩けなくなるリスクを冒して手術に踏み切るか。それとも、手術をせずに治療しながら、残りの人生をまっとうするか。大きな決断を迫られました。

「切れと言われたら切ります。でも、転移が見つかれば、再手術が必要です。体力的なことを考えると、手術はしないほうがいいかもしれません」

これが医師の見解でした。

しかし母は、「一度死んだと思えば、なんでもできる」と、リスクを承知で手術することを選んだのです。

近いうちに死が訪れたら仕方がないという「諦め」を受け入れ、開き直れたからこそ、思いきった決断を下せたのでしょう。

そして、母は〝賭け〟に勝ちました。

手術は成功し、転移も認められず、つらいリハビリを乗り超えて、もとの生活を取り戻すことができたのです。

あれから5年以上が経ちましたが、今も元気に歩きまわっています。

人間、最終的にどうなるのかなんて、誰にもわかりません。

だからこそ、自分の人生は自分で選択して、悔いのないよう生きましょう。

もし母が歩けなくなっていたり、がんが転移していたりして、状態が急速に悪くなったとしても、自分で決めた結果であれば、きっと後悔なく旅立つことができていたと思います。

大事なのは、絶望したときに腹をくくることです。


「絶望したときこそ落ち着かなきゃダメだ。自分を見つめ直し、最善の道を見つけていく。それしかない。焦って、迷って、おたおたして、自分を見失うのは愚か者のすること。死ぬと決まったのにこれ以上暗くなる必要はあるか？　どうせ死ぬんだから、それまで精一杯明るくやっていこうじゃないか」

ブッダの教えを〝超訳〟するとこうなります。

絶望からしか生まれない希望もある。

このことを、ぜひとも忘れないようにしていただきたいと思います。

第4章

「ほしい」の壁の乗り越え方

「羨ましいあの人」と
同じ努力が
自分にできるか

○「憧れること」と「羨むこと」の違いとは

私もあの人みたいになりたい!!

みなさんも子どものころには「大きくなったら、なにになりたい?」といった質問を何回もされてきたことでしょう。

そのころは、おそらく大人になった今よりも純粋な気持ちで「プロ野球選手になりたい!」「アイドルになりたい!」などと憧れの人を思い浮かべ、「自分もあんなふうになりたいな」と思っていたのではないかと思います。

誰かを羨ましいと思う気持ちに「羨望」があります。羨望と「憧れ」は似ていますが、少し違ったニュアンスでとらえる必要があるでしょう。

憧れには「いいな」と思う理想像があり、自分もそうなりたいと願ったり、心が惹かれたりするものです。

それに対して、羨望はあくまでも〝羨み〟であるということ。

「自分よりも給料が多くていいな」

「大きな家に住んでいていいな」

「高級車に乗っていていいな」

「かわいくてスタイルも良くていいな」

いずれも自分と他人との境遇の違いから感情が芽生えており、「こうなりたい」と想像する自分の姿が、つねに他人との比較によって成り立っています。

これが「プロ野球選手になりたい!」「アイドルになりたい!」と目をキラキラさせながら将来の自分を想像している子どもたちとの大きな違いですよね。


こういった羨みは仏教でいうところの「慢」にあたります。

なにかにつけて他人と比べることをやめられない生きものであるがゆえの欲求。すなわち、仏教では持たざるべきもの、捨てるべきものとされる煩悩です。


年がら年中、誰かと比較してしまうとキリがありません。もっとたくさんのお金、もっと大きい家、もっと高級な車、もっと素敵な容姿……。

この「もっと……」という欲求には際限がありませんので、どこまでいっても羨望が満たされることはないでしょう。

でも、憧れの場合はそうではありません。

自分で思い描く理想像があり、それを目指して自分が努力していく原動力になる。これはとても素晴らしい心がけですよね。

羨望に駆られて、他人との比較で小さな優越感や劣等感に浸っている限り、あなたの人生が幸せで満たされることはないでしょう。

自分の憧れを追いかけるのではなく、羨望に駆られて生きてしまう。分不相応というか、自分に納得がいかないまま「もっと、もっと」と追い続けて一生を終えていく。そんな卑屈な人生になってしまいます。

○ 羨みが嫉妬に変わっていませんか？

「羨みではなく、憧れを持ちなさい」

声を大にして言いたいのは、これに尽きます。

憧れがあるからこそ、人は成長できます。やはり自分自身を成長させるための糧にするべきでしょう。

羨みは、自分より優れているものを見たときに生まれるものであり、自分より劣っていると感じたものには抱かない感情ですよね。

例えば、「なんでこの人はこんなに仕事が（あるいは勉強が）できるんだろう？」と感じたのであれば、**その人と自分とを比較するのではなく、それをじっくりと観察して、自分もそうなれるように努力すればいい**のです。

これが間違った方向、悪い方向へと進んでしまうと、「なんであいつばっかり……」「どうせ私なんか……」という妬みや僻《ひが》みにしかなりません。それこそ「なんかムカつく」「引きずり下ろしてやろう」と今度は足を引っ張ることに注力してしまうでしょう。

みなさん、なかなか表にこそ出しませんが、心の奥底にある羨みが嫉妬の感情に変わってしまっています。『大愚和尚の一問一答』でたくさんの方々の悩みを聞いていても、そう感じることが少なくありません。

◦「無知であること」が嫉妬の苦しみを生む

なかには、私に対してはっきりと嫌味ごとをおっしゃる方もいます。

「なんでこの人は、わざわざこんなことを言うんだろう？」

「私はお坊さんだから反論したりしないと思っているのだろうか？」

お寺にいると、思わずそう思ってしまうような憎まれ口を叩かれることがよくあります。

とくに最近は、トイレを和式から洋式に変えたり、本堂に冷暖房の設備を加えたり、参拝に来てくださる方々に快適に過ごしていただく目的で建物の整備・建て替えなどを進めているので、「コロナ禍なのに、お寺は儲かっていいね」「まさに坊主丸儲けってやつだね」――そんなことを言われたりします。

私も修行が足りずに無知であったころは、そういった言動にいちいち腹を立ててしまったり、「そうじゃないんだけどな……」と心の中で傷ついたりしていました。

でも、今の私はこのように返します。

「そんなに羨ましいと思うなら、あなたもお坊さんになってみませんか？」

「365日、朝4時に起きる修行生活を5年、10年とやりますか？　どんなに寒くても、雪が降っても裸足で寺中を掃除しなければいけませんが、ご一緒にどうですか？」
そんなふうに、お坊さんへの道を勧めるようになりました。

すると、なぜかみなさん「いやいや、結構です」と断られます。お坊さんだけが特別な苦労をしていると言いたいわけではありませんが、もし私に羨ましさを感じるのであれば、ぜひ同じことをやってみていただくのが良いと思うのです。

また、実際にお坊さんになってみれば、「坊主になっても丸儲けにはならないな」とご自身で感じていただけるのではないかとも思います。

なんにせよ、無知であることは不幸につながります。

最初から現実を知っていたとしたら、きっと羨むこともないでしょう。

「羨ましい」と思ってしまうようななにかを持っている人は、人知れず努力や苦労をしているものです。素晴らしいスタイルを持つ芸能人の方々は、週5でジムに通ってきついトレーニングをしたり、体型をキープするために好きな食べ物を我慢して食生活に気を遣ったりしている方も多いでしょう。

「もともと素質に恵まれているんじゃないか」などと思うかもしれませんが、どんなことであれ、なにかを保っていくためには相応の努力が必要です。


私も子どものころは「宇宙飛行士になりたい！」「宇宙に行けるなんて羨ましい！」と思っていましたが、宇宙に行くための長く厳しい訓練生活や、数カ月も宇宙船の中で命の危険と隣り合わせになりながら生活するという現実を直視したら、「とても私には耐えられないな……」ときっぱり諦めることができました。


「やれるもんなら、やってごらんなさい！」

そんな煽り文句を言うつもりはありませんが、〝その道のプロ〟と呼ばれる人たちだけでなく、それがどんな仕事だとしても、実際に自分でもやってみる、あるいはやってみることを想像してみると、モノの見方は変わります。

そうすると、軽はずみな羨みもなくなると思います。

「どうにもならないこと」に
心を使わない

その不満は誰に向けられたものなのか

今の自分が置かれている状況に納得できない。

つねに物足りなさを感じながら生きている。

こういった「不満」を抱えながら毎日を過ごしている方は、多いのではないでしょうか。

自分自身の能力が不足している、望ましい環境が整っていないなど、そこにはさまざまな原因があるでしょう。しかしいずれにしても、心の中にモヤモヤした不満を持ちながら生きるのは、しんどいものです。

不満は、内的要因であれ、外的要因であれ、いずれにしても自分の望みがかなえられていないときに生じてくる感情です。

この感情に対処する際に、まず考えていただきたいのは、「不満の対象は誰か？」ということです。

自分に不満があるのか？

他人に不満があるのか？

これは不満という感情の取り扱い方を考えるうえでも、大きなポイントになります。


まず、自分に対する不満。

「まだこれだけしか給料がもらえていない」

「本当はもっと違う仕事がしたい」

「やりたいことがたくさんあるのに時間が足りない」

あくまでも自分の現状に対して、その自分自身が満足していないという不満です。

こういった自分に対する不満は、悪いものではありません。

なぜなら、**いずれも自分のモチベーションや向上心につながる不満であり、これから成長していくうえでも糧となり得る感情**だからです。


しかし、他人に対する不満は、そうはなりません。

「あの人のこういうところが気に入らない」
「部下（あるいは家族など）が自分の思いどおりに動いてくれなくてイライラする」
「会社が給料を全然上げてくれない」

こういった不満は、友人、家族、恋人、子ども、上司や部下、同僚など自分以外の他人に対して感じているものですよね。
しかし、はっきりいってしまえば、他人に対する不満は、持ち続けていてもなにもいいことはありません。

相手に対して不満を感じたところで、あなたが成長することはいっさいなく、ストレスにしかならない無駄な感情ということです。

この感情の裏には、「もっと〇〇をしてほしい」「なんで〇〇してくれないの？」などといった思いが隠れています。最も大切に扱われるべき「私」が尊重されず、「どうして私ばっかりこんな思いをしなければいけないのか！」

という怒りを感じてしまっているわけです。

「おいしくない食事」を食べ続けていないか

先ほども述べたように、他人への不平不満を持ち続けることは、あなた自身のストレスにしかなりません。また、「あなたが不満を持っていること」を相手が知らなければ、ただ自分のなかで悶々としているだけなので、相手にとってはまったく関係のないことです。

「今の職場、上司が全然使えなくてありえない！」「うちの夫は（妻は）家事も育児もなにもやってくれない」「○○さんは、いつも自慢話ばかりで鼻につく」などと、**つねに他人への不満ばかり言っている人は、いわば「おいしくないとわかっている食事をずっと食べ続けている」ようなもの**なのです。

本気で今の状況をなんとかしたいと願っているのであれば、不満に思っていることを相手にはっきりと伝えて改善できるようにしていくか、「おいしくない食事」から離れる、捨てる、あるいはあなた自身が割り切ることでしか変えることはできません。

また、多くの方が実感されていることだと思いますが、他人を変えるのは非常に難しいことです。

使えない上司、頼りにならない夫や妻、感じの悪い友達にあなたの正直な気持ちを伝えるのは悪いことではありませんが、それによって劇的にあなたへの対応が良くなるということは、なかなかないでしょう。

お互いに「我」があるので、あなたが「こうしてほしい」と思っていても、相手には相手の「こうあるべき」があるわけです。

改善が見込めないことに対して、あなたの大切な時間を費やしたり、心を消耗したりしてしまうのは、非常にもったいないことです。

不満の内容が軽いグチ程度であれば、人に話すことで発散できたり、気持ちを共有し合うことで仲間同士の絆を深めることにつなげられたりしますが、強い不満はストレスとなり心身を蝕んでしまいます。

「どうにもならないこと」に心を消費してしまわないよう、離れる、捨てる、時には割り切るという判断をしていくことも大切だと思います。

●「自分は正しく、相手が間違っている」が苦しみのもと

他人や周りの環境に対して不満を感じやすい人と、あまり感じない人がいます。

その違いはどこにあるのでしょうか。

これは第1章でもお話しした、「我」が強いことに原因があります。現代風の言葉であれば〝エゴが強い〟ともいえるでしょう。

あらゆることにおいて「私は悪くない！　あいつが悪い！」と考えてしまう。

つねに「自分は正しい」と思ってしまっている状態です。

この世で最も大切にされるべき「私」が不利益を被《こうむ》っている……。

その現実を受け入れることができない苦しみですよね。

「私の常識からすると、あなたは道理を外れていて間違っている」

こういった思考に陥ってしまう人は、自分に対しての「貪（欲）」が強すぎるといえるでしょう。一生満たされることのない欲に毒されている状態なのです。

自分は絶対に悪くないわけで、一方的に被害を受けたと感じてしまう。しかし、「悪いのは全部○○だ！」と言ったところで、それは責任転嫁にすぎなかったりします。

仏教には「知足《ちそく》」を大事にする教えがあります。

〝足〟ることを〝知〟る――自らの分をわきまえて、必要以上に求めないということです。

不満は「我」という人間の基本的な欲求を刺激する感情なので、**他人や周りに対して不満がありすぎる人の心は、ずっと苦しい状態のまま**になってしまいます。

とらえ方の問題になるのかもしれませんが、**自分は絶対に悪くないと思い込んでいるからこそ不満がどんどん増えていく**ともいえるでしょう。

先ほどの「まだこれだけしか給料がもらえていない」と「会社が給料を全然上げてくれない」は似ているようで違います。

「なぜ給料が安いのか？」という不満に対して、前者は自分の能力が足りていないのかもしれないと真摯に向き合っていますが、後者は自分の能力に原因があるとは1ミリも思っていません。

「自分は高い給料をもらえて当然の存在だ」

その勘違いに気づいていない。すなわち、無知であるということですね。

もちろん、能力があり一生懸命に努力しているにもかかわらず、あえて安い給料で働かせているというブラック企業の場合はこの限りではありませんが、まずは「自分は本当に給料に見合う仕事ができているか？」ということを客観的に見つめ、自省することが大切だと思います。

業績不振により、「会社をリストラされた」という話は昨今よく聞かれます。「なんで私がリストラされなければいけないんだ？」と会社に対して強い不満や憤りを感じてしまう方が多いかもしれませんが、正確にいえば「会社があなたをリストラした」のです。

会社をクビになったあなたと、あなたをクビにした会社。本当の意味で不利益を被っていたのは果たしてどちらなのか？

あなたが会社にとって本当に必要な人材であれば、リストラなどされなかったかもしれません。

厳しい言葉になるかもしれませんが、自分に対する自分の評価と、自分に対する会社の評価が、まったく違うことに気づいていなかった……その可能性も否定できません。

○「他人の心」はどうにもできない

他人への不満＝満たされない欲求は、「こうあるべき」という自分の思い込みに縛られた「貪」の状態。そして、その自分の思いどおりにならない腹立たしさが「瞋」の怒りへとつながるのです。

先ほどもお話ししたとおり、「自分から見えている自分」と「他人から見えている自分」のズレが、満たされない欲求を生み出してしまっています。「あなたが自分をどう思っているか」ではなく、「他人があなたをどう思っているか」を知らなければ、この差を埋めることはできません。

自分自身が無知であるがゆえに、自分にとっても残念な結果を生んでしまうのです。

本気で解決したいのであれば、誰に対する不満なのかを改めてしっかりと考えなければいけません。

それが自分に対する不満であれば、向上心となって高みを目指していくことに利用しましょう。

しかし、それが他人に対するものであったとしたら、自分の「我」に端を発した不満でしかありませんので、捨てる、対象から離れる、割り切るなどの判断をしていきましょう。

自分のことは自分で努力できますが、他人のことは自分にには努力できませんので、「どうしよう？」と考えたところで仕方がないですよね。

どうにもならないことに不満を漏らす。

その労力のほうがもったいないと考えて、あなたの心が楽になるように導いてあげましょう。

「無理やりポジティブ思考」は逆効果

○ 自己肯定感を無理やり高めることはできない

同じ言葉でも受け止め方によって、救われることもあれば、逆にストレスを感じてしまうこともあります。

例えば、「自尊心（自己肯定感）」という言葉は、どちらかといえばプラスのイメージでとらえられることが多いでしょう。

最近は「自己肯定感を高めよう」ということがブームのようになり、逆に「自己肯定感が低い人は生きづらい」という風潮にもなっていました。

書店には自己肯定感を高めるための本がたくさん並び、セミナーなどもあちこちで開かれていましたよね。

心理学の研究によると、**自己肯定感には潜在的なものと顕在的なものがある**のだそうです。

「無意識のうちにある自己肯定感」

「自分が意識している自己肯定感」

ひと口に自己肯定感といっても、その性質には大きな違いがあったのです。

潜在的な自己肯定感と、顕在的、つまり表向きの自己肯定感の両方がつねに高い人は、仏教的にいえば心が非常に安定している状態です。

一方で、潜在的な自己肯定感が低いにもかかわらず、「自己肯定感を高く保とう！」と表向きの自己肯定感を強引に引き上げている人は自惚れやすく、俗にいうナルシストになりやすい傾向が見受けられます。

これ見よがしに「自分は自己肯定感が高い人間です」という振る舞いをするわけです。

そのような人は、もし自分が傷つけられそうな出来事に遭遇したり、自分の評価が下がったりしそうになると、「私はすごいんだ！」「あの人よりも自分のほうが上なんだ！」という自己暗示のようなポジティブシンキングで、必死で自己肯定感を高く保とうとします。

要するに、自己肯定感が下がってしまうことを極端に恐れているため、意識的に表向きの自己肯定感を高めようとしており、無理をしてその努力をし続けている状態といえるでしょう。

これはかなり病的な行為といっても差し支えなく、どうしても自己防衛的になってしまいますので、やはり心身の健康が崩れやすくなります。

自己肯定感を高めようとする気持ちや努力は悪いことではありませんが、「人は無意識が9割」ともいわれるように簡単に人間の根底は変えられません。

つまり、いくら表向きに「自分はすごい！」「自分大好き！」と取り繕っても、潜在的な自己肯定感が低い、本当の意味で自分に自信がないままではボロが出てしまうということです。

●「自分を良く見せたい」という自惚れは非常にやっかい

例えば、表面的にはすごく明るくて、とにかく前向きなイメージがある著名人の方などが、メンタルを病んでドラッグに溺れてしまったり、最悪の場合には自ら命を絶ってしまったりする。

昨今では、そういった悲しいニュースも珍しくありませんが、おそらくテレビなどを通して私たちに見せている姿と本質的な自分の姿に大きな違いがあるのでしょう。

顕在的な自己肯定感だけでは、どうにもならないことがあるのです。

よく、不祥事を起こした方が反省の色を見せながらなにかを成し遂げ、メディアを通じて再起を誓われたりしますが、私からいわせれば、そんなことで自分の心を変えられるのなら苦労はしません。

「反省するために座禅をさせてください！」

「間違いを犯した私を大愚和尚のところで修行させてください！」

そのような建前で福厳寺にいらっしゃる芸能人やスポーツ選手、企業の社長さんなどもたくさんおられますが、私は一貫してお断りしています。

全員がそうだとはいいませんが、大半の方々は「私は修行しました！」と得意げにカメラに収め、もう一度社会からの信用を取り戻したい――そういった算段で動いているからです。それこそ、最初からカメラマンを同行させている方もいらしたりします。

「その人の言っていることではなく、行動を見よ」とは、まさにこのこと。そのようなうわべだけの修行をしたところでその人の人格は変わりませんし、「そんなことのためにお寺を利用しないでください！」とお引き取り願うことが日常茶飯事です。

本当に自分の行いを見直したいと思うのであれば、黙ってやればいいのです。それをメディアやSNSを通じてアピールしている時点で、「自分を良く見せたい」という欲でしかありません。

謙虚なように見せて、じつは自惚れているという人が、とても多いのです。

○ 自分ができることとできないことを自覚する

仏教だけではなく、心理学的にもいわれていることですが、本当に潜在的な意識の部分から自分に対して自信を持っている方は、そもそも自惚れません。

どこかに不安定な要素を持っている――例えば自分のどこかにコンプレッ

クスを抱えているからこそ、それを克服しようと謙虚に努力するのでしょう。

みなさんにぜひ覚えておいていただきたいのは、**自己肯定感は高めようと思って高められるものではない**ということ。

アファメーション（なりたい自分になるために肯定的な言葉で宣言をすること）的なものは一時的な効果こそありますが、あくまでも誰かとの比較によって成り立つ「慢」になりますので、つねに他人との優劣を考えているようでは一向に救われません。

別に自分のことを肯定されようが、否定されようが、決して動じない。これが本当の意味での心の安定になります。無理やりポジティブシンキングをしている時点で、あなたの心は揺らいでしまっている証拠なのです。

まず、自惚れが「慢」であることに気づき、他人との比較にエネルギーを割かないことが大切。

それに気づくことができれば、自ずと謙虚になっていきます。

この謙虚というのは「いやいや、私なんか……」と卑下することではなく、

自分ができることと自分ができないこと——これをきちんと分析して理解している状況。自分自身のことを客観的に見えている状態のことです。

世の中で〝一流〟と呼ばれる人たちは、自分のできないことがわかっているからこそ、決して今の自分自身に満足することがないのでしょう。

自分自身で「俺はすごい！」と豪語する一流はいませんよね。

飽くなき探求心があるからこそ、プロフェッショナルと呼ばれる存在になれるわけです。客観的に自分の強みも弱みも冷静に判断できる人は、成長します。

自惚れている時点で三流であることに、まずは気づくべき。これを肝に銘じていただきたいと思います。

「あの人よりマシ」という
ちっぽけな優越感は
幸せを遠ざける

相手を軽蔑したところで、自分のレベルが上がるわけではない

Ｐ46で「慢」について詳しく説明しました。他人のことを、自分より上か、下か、同じくらいかで判断したくなる衝動のことです。

この「慢」が原因で生まれる負の感情が「軽蔑」です。相手は自分よりも下であると見下したり、バカにしたりする際に生じる感情だからです。

これは人間が本能的に持つものではなく、きわめて〝社会的な感情〟と位置づけることができます。

軽蔑は、私たちが生きるうえでまったく必要のない感情です。

無意味で無価値。そう断じてしまっても構いません。

自分が誰かのことを蔑《さげす》んだとします。

「あいつは俺よりも学歴が低いから、たいしたことないな」

「あの子、たいしてかわいくもないのに無理して厚化粧しちゃって」

このように思うと、一瞬は優越感に浸れるかもしれません。

でも、状況はなにも変わらないのです。**誰かを軽蔑しても、仮にそれが客観的な事実であったとしても、あなた自身の能力が格段に上がるわけでも、容姿が良くなるわけでもありません。**

著名人のスキャンダルに対してもそうです。

ルックスも、経済力も、社会的知名度も、なにもかも自分とは別次元で勝てないと思っていたアイドルや俳優が、不祥事を起こしたり、異性関係のトラブルに巻き込まれたりすると、ここぞとばかりにバッシングを始める人がいます。

著名人を「そんなことをする人だとは思わなかった」と軽蔑して叩いて、不倫をしない自分、ドラッグなどに走らない自分のほうがマシだ、上だと思う。自分は正しく相手は間違っているのだ、自分のほうが優れているのだと思いたいわけです。

しかし、それになんの意味があるのでしょうか？

どんなに対抗意識を燃やしたところで、あなた自身にも、あなたを取り巻く環境にも、いっさい変化が生じることはありません。

また、仮に純粋な気持ちで「相手に反省をしてほしい」と思ったとしても、直接の知り合いでもなんでもないあなたの言葉が相手の心に届いたり、「心を入れ替えよう」などと思ったりするはずもありません。

影響があるとしたら、昨今社会問題になっているような誹謗中傷の一環ととらえられ、相手の心身を追い込み、最悪な結果をまねくことに加担してしまうだけでしょう。

軽蔑をしても、なんの戒めにも救いにもならない。

しかも、イライラした感情はあなたの心身に悪い影響を与え、自分が損をするだけで、決して幸せにはなれない。

まずはこれを認識していただきたいと思います。

○バカにするのではなく相手に寄り添う

誰かに対して軽蔑の念を抱いている自分に気づいたら、まずはその軽蔑の感情が、どんなタイプのものであるかを冷静に分析してみましょう。

「残念だな」「かわいそうだな」という哀れみに近い感情であれば、「軽蔑」を「同情」に置き換えられるように働きかけてください。

同情とて、問題解決の決定打にはなりませんが、軽蔑よりははるかにまし。相手の気持ちを理解し、寄り添っていくことができるようになるからです。

相手の行動の裏側や真意を想像しようとしないことは、無知なる行為、すなわち「痴」になります。

例えば、食事のマナーが著しく悪かったり、言葉遣いが乱暴だったりする人がいたとしましょう。

それを目の当たりにして軽蔑したくなったとき、「最悪だな。どうしようもない。こうはなりたくない」ととらえるのではなく、「育ってきた環境があまり良くなかったのかな」「おそらくご両親の躾《しつけ》の問題であって、この人の責任ではないはず」「なにか精神的につらいことを抱えているのかな」などと考えるようにするのです。

ブッダは「人間は等しく愚かであり、誰もが病気を患っているようなもの」という見方をしています。

パーフェクトな人間なんて、存在しません。

蔑んでいる暇があったら同情してあげてください。

そうなってしまったのは仕方がない。

その人だけが悪いわけではない。

このように考えれば、ネガティブな感情を心の中で育てなくて済むようになります。

あなたの精神状態は、今よりもいっそうおだやかなものになるでしょう。

○「軽蔑」の多くは「怒り」に発展する

軽蔑には、蔑みではなく怒りに近いタイプの感情もあります。

「なんであの人はこんな簡単なこともできないんだ。ありえない」

「めちゃくちゃ狭い道なのに、横に広がって歩くなんて非常識で迷惑だ」

このように、**自分が簡単にできることをできない人、場の空気を読めない人、社会的ルールを守れない人に対して生じる軽蔑は、たいていの場合、怒りに発展する**ものです。

芸能人のスキャンダルに対するバッシングも「清純派だと思っていたのに、ルールを破って不倫するなんて許せない」などと、怒りの感情で叩いている人もいるでしょう。

相手をバカにする気持ちが怒りに変わってしまっているな……。

そんな自分の気持ちに気づくことができたら、P68でお伝えした「怒り」の対処法（怒りの炎に妄想による燃料を投下しない、怒りの対象から離れるなど）をもって臨んでください。

そこに気づけずにいると、さらに怒りを募らせて、自ら面倒なシチュエーションを生み出してしまうこともあります。

とくに日本人に多いのは、あえて相手に聞こえるようにぼそっと嫌味を言うケースです。

「あ〜あ、ここは公共の場なんだけどなぁ」
「そんなことをするなんて、どういう神経をしているんだろう」

根底に軽蔑の念がありますから、言い方にはとかくいやらしさが伴います。言われたほうは当然、カチンときますよね。自分は確かに良くないことをしていると思っていても、嫌味を言ってきた相手に対する怒りが生まれます。そのまま口論になってもなんら不思議ではありません。

社会的ルールを守らない人に対して軽蔑の感情が生まれ、それが怒りに転じようとしていたら、ひとつ深呼吸をして、冷静に指摘してあげたほうがよほどお互いのためになるのではないでしょうか。

嫌味口調や喧嘩腰ではなく、丁寧に、理路整然と正論を向けられたら、言われたほうはけっこう素直に従うものです。

ただし最近は物騒な世の中になり、マナーの悪い人に注意をしたら突然ナイフで刺されたなんて事件を聞くこともありますので、指摘を躊躇《ためら》う場合は、その場（怒りの対象）から離れることが最善だと思います。

○ 嫌味のない外国人から学んだこと

私は学生時代にこんな経験をしたことがあります。

ある日、空手の道着や防具などが入った大きなカバンなど、たくさんの荷物を持って満員電車に乗り、その荷物を自分の足元に置きました。当然のごとく、ほかの乗客からは「邪魔だな」という白い目で見られました。

その自覚はありましたが、あまりに荷物が多かったので、しょうがないよな……と思っていたのです。

すると、あとから私の近くに乗車してきた外国人男性が「きみの荷物が邪魔になっているから網棚に載せてくれ」と言ってきたのです。

私は突然話しかけられたことに驚き、一瞬警戒してしまいました。しかし彼には怒っているとか嫌味な感じは、まったくありませんでした。ただ単に、そうしたほうがいい、そのほうがお互いにとって良いだろう、ということを伝えてきている様子でした。

そして、重たい荷物を網棚に載せるのを手伝ってくれたのです。

もし、誰かから「邪魔なんだよ」「非常識だろ」といったような言葉をブッツと言われたら、若かった当時の私はムッとしていたかもしれません。

でも、淡々と指摘して手伝ってくれた外国人男性に対しては、「どうもありがとう」という感謝の気持ちがこみ上げてきました。

このように、**同じ感情を抱いた場合でも、接し方ひとつで相手への伝わり方は大きく変わるもの**なのです。

私たち日本人は比較的シャイで、他人に対してこのような指摘をしたり、はっきりと物を言うことが苦手だったりする傾向にありますが、余計な含みを持たせずにストレートに行動する外国人のみなさんから、こういう姿勢を学ばないといけないかもしれませんね。

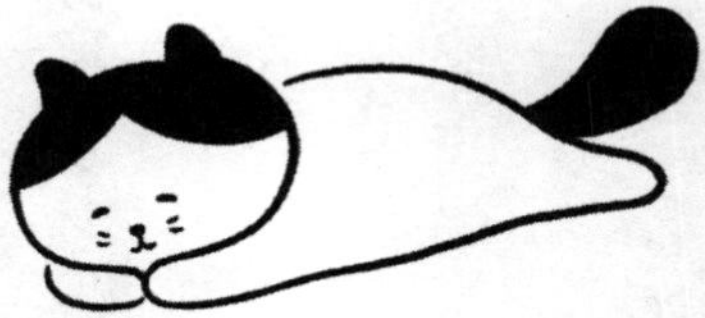

第5章

マイナスな感情に溺れる「心のクセ」の直し方

心の中を「善いもの」で満たす習慣づくり

第1章では、仏教を心理学としてとらえた際の基本的な考え方ならびに、さまざまな悩みや苦しみが生まれるメカニズムについて解説しました。

そして第2〜4章では、代表的なマイナスの感情の特徴とそれぞれの手放し方を、怒り・無知・欲の3つのカテゴリーに分けて紹介しました。

お伝えしてきた情報を理解、習得、実践すれば、今まで以上に心がおだやかになり、人間関係の悩みやストレスが減り、幸せな生活を送れるようになるでしょう。

この第5章では、これまでにお話ししてきたことを、より効果的に活用するためのプラスαの情報をお伝えします。

自分の心についてもっと深く理解し、上手に悩みや苦しみを手放していくことを可能にするコツをまとめました。

最初に取り上げるテーマは仏教的な「心」のとらえ方、「心」に対する基本スタンスです。

○ 不善心所を手放し、善心所を育てる

ブッダは「心とはどういうものか?」ということを徹底的に考えた結果、**心という器のなかは水のような液体で満たされていて、そこにありとあらゆる感情の成分が溶け込んでいるのだ**、と結論づけました。

そして、この成分に「心所《しんじょ》」という名前をつけました。水に茶葉を浸せばお茶になり、コーヒー豆を挽いた粉に通せばコーヒーになり、みそを溶かせばみそ汁になるように、なにを溶かすかで中身が変わっていく、ということです。

心所のタイプはさまざまですが、25の善きもの（善心所）のグループ、14の悪しきもの（不善心所）のグループ、13のそれ以外のもの（同他心所）のグループの3つに分けられます。

怒り、妬み、蔑みといった不善心所を手放し、喜び、親しみ、慈しみといった善心所を育てていく——これが仏教における永久のテーマです。

人格者と呼ばれる人でも、極悪人扱いされる人でも、人間の心にはもともと等しく善心所・不善心所が溶け込んでいます。

しかし、持って生まれた性格、育ってきた環境、置かれている状況などによって心所の強さ、優位性は変わってきます。

多くの人から「嫌なやつ」「性格の悪い人」とされる人は、不善心所たちが優位な状態になってしまっているのでしょう。

大切なのは、冷静に自分を見つめ直し、そうなっていることに気づくこと。そして、不善心所の活動を抑えたり、やめたりするように働きかけ、善心所を優位にするように努めることです。

修行とは「耐える」ことではなく「習慣化する」こと

仏道に精進する者は、不善心所を手放し、善心所を育てていくために修行をするわけですが、ここでいう修行は「つらいことに耐えて、頑張って努力して、なにかを成し遂げる」ことではありません。

修行とは、頑張らなくても、自然に善心所が優位な状態を保てるようになり、自ずと善き思考に至り、善き振る舞いができ、善き言葉が出てくる習慣を身につけることなんです。

つまり、無意識にできるようにクセをつけるということですね。

仏教は集団で修行を行うケースが多いですが、あれは相乗効果を狙ったもの。修行者同士が相互監視の状況下で、お互いを意識して、切磋琢磨して、高め合っていくことを目的としているからです。

スポーツの強豪チームのようなイメージでしょうか。能力に秀でた選手が集まり、敏腕コーチをはじめとする優秀なスタッフがいて、高いレベルで練習やトレーニングを積むからこそ、チーム全体が強くなるんですよね。

要はそれと同じことです。

不善心所のなかには、心を蝕む毒になるものもあり、なかには猛毒といっていいほど強烈な負のパワーを持つものもあります。

これらに心を支配される前に、できるだけ捨てること、完全に捨てることができなくても、その影響力を今よりも抑えられるように、日々心掛けていきましょう。

そして、善心所をどんどん大きくしていくのです。**すると、あなたの心は明るくなり、広く、強く、寛大になっていきます。**

少しずつで構いませんので、心の中にある水を、きれいにしていくことを目指してください。

なお、この本の主役たる不善心所は第2～4章で詳しく扱いましたが、善心所と同他心所につきましては、簡単な解説を添えた一覧を巻末に掲載しました。そちらをご参照いただけると幸いです。

「ほとんど妄想」と割り切って生きる

ここでは「仏教の存在論」についてお話ししていきます。私たちが見たり感じたりしているモノやコトが、どこにどのように存在し、人間はそれをどう認識しているかについてです。

仏教では、人間は「六根《ろっこん》」という6つの感覚器官を通じて、存在をとらえることができるとしています。

六根の内訳は「眼《げん》」「耳《に》」「鼻《び》」「舌《ぜっ》」「身《しん》」「意《い》」の6つです。最初の5つは、「視覚」「聴覚」「嗅覚」「味覚」「触覚」に置き換えるとわかりやすいでしょう。目の前にあるリアルなものを存在として認識する感覚です。

6つめの「意」は意識の意、すなわち私たちの心のことで、これだけが唯一例外的に、過去や未来など目の前にない存在を認識することを可能にしま

す。そしてこれが、時に問題を起こします。

過去を悔やんだり、良くない未来を妄想したり……。

というように、苦しみを生む種になってしまうことがあるのです。

昨晩やらかした夫婦喧嘩を翌日も引きずっていて、旦那さんや奥さんに対して、怒り続けていたり。

あるいは、友人から言われて傷ついた一言が忘れられず、何年も経ってからも何度も思い出して「許せない」と腹が立ったり、落ち込んだり。

こういう怒りや悲しみは、目の前にある存在が生じさせているリアルなものではありません。

あなたが心の中で勝手につくり出した〝創作物〟、つまり妄想です。**今、目の前にないものを意識して、それに対して心を反応させ、自ら怒りや悲しみをまねいているだけなのです。**

○ すべての存在は自分の内側にある

続いて、目の前にあるリアルなものも含めて、その存在はどこにあるのか、という話をしていきます。

説明がやや抽象的すぎるかもしれませんので、シンプルに考えましょう。

その「モノやコト」の存在は、あなたの外側にあるのか、内側にあるのか、それをどのように認識するか、という話です。

例えば、目の前に自転車が置いてあったとします。

この自転車は、あなたの外側にあるのか？　それとも内側にあるのか？

このように問われたら、たぶんほぼすべての方が「外側」と答えることでしょう。

ところが、じつはその自転車は、自分の「内側」に存在するものなのです。

目というレンズを通して脳に投影された自転車は、私たちの心が「そこに自転車が存在する」と認識して初めて、存在として成立します。

「ここに自転車がありますよね」とあなたが誰かに説明する場合、その「ここ」はあなたの心の中で認識されている場所のことを指しています。だから仏教的には、外側ではなく内側にあると考えるのです。

要するに、**この世に存在するすべてのモノやコトは、すべて自分の内側にあるとするのが仏教**なのです。

しかもそれらは諸行無常であり、つねに変化しているので、永遠なるものはひとつもありません。

「私」にしても、いつの時点の、どういう状況の「私」なのか?と考えます。つまり、「つねに同じ私」「変わらない私」などというものは、存在しないということです。

しかも、私たちは自分の内側にあるモノやコトに余計な妄想を加え、巨大化させたり変形させたりしてしまいます。だから、あなたが存在として認識しているものは、ともすると実態とはかけ離れたハリボテだったりするわけです。

抱えている苦悩に向き合う前に、まずはそういった心のメカニズムを理解しましょう。

心に苦悩が生まれるのは当然であり、やむを得ないこと。

でも、そのほとんどは自分が生み出した妄想混じりの虚像なので、自分の力で変えていくことができる。

そのように考えてみてください。

「自分の心の中で好き勝手に虚像をつくり出して、それに対して勝手に反応しているだけなんだ」

それがわかっていれば、マイナスの感情を生じさせることはやめられなくても、なにかつらいことがあったときに受けるショックを和らげることができる。本来であれば震度10レベルのものを2とか3あたりにとどめることができるようになります。

そう自分で仕向けるように、割り切って心の練習を積んでいけば、マイナスの感情にいちいち動じることがなくなっていくでしょう。

瞑想とは、自分の心の移ろいに「気づく」こと

自分の内側にある心に集中し、「なにが起きているのか」をはっきり認識することの大切さについては、これまでにも何度かお話ししてきました。

その**〝集中して気づき続けること〟が仏教でいうところの「瞑想」**です。

ブッダは人生を懸けて心の中で苦しみがつくられる過程を観察しました。

瞑想とは、自分の持つ「貪」「瞋」「痴」の三毒に自分自身で気づくこと。自分の心に向き合わなければ、その苦しみも手放せないのです。

○ 怒りの感情をクールダウンさせるコツ

さまざまな苦しみの根源となる感情のひとつに「怒り」があり、その怒り

を鎮めるためにはものごとを理性的、客観的に見ていくことが重要です。

その方法は、自分の心に①集中し、②観察し、③気づき、④超えていくこと。

これが私の考える瞑想の４つのステップになります。

例えば、「許せない！」と思うほど、すごく腹が立つ相手がいたとします。

そんなときには、どうやって理性的に対処すればいいのか？

私は次のようにお伝えしています。

「怒りの感情に呑まれそうになったら〝なぜ怒っているのか？〟を書き出してみる。そして、〝相手になにを求めているのか？〟を考えてみましょう」

みなさん、実際に試してみると「そんなにたいしたことじゃなかったな……」ということも多く、それを「第三者に見せてごらんなさい」と言うと恥ずかしくなってしまわれる方もいます。

このように自分の感情を冷静になって見つめたり、時間を使って考えたりすることにこそ意味があるのです。

感情が暴走しはじめると自分自身を見失ってしまいますが、いろいろと思い返しながら考えていくと、「あの人にこんなことをされたから腹が立った」

「私が本当に求めているることはなんだろうか?」と事実を冷静にとらえることで理性が働きます。そして、自分の頭で論理的に考えているうちに自ずと激しい怒りの感情も鎮まっていきます。

つまり、**感情はアクセル、理性はブレーキの役割がある**ということですね。

怒りを放出し続けているのはすなわち、三毒の「瞋」に侵されている状態なので、自分自身の心や体をどんどん破壊していくことになります。それでは結局自分のほうが損をしてしまいますよね。書き示すことで自分の感情の動きを客観的に見つめることができたら、次は瞑想4ステップの最後のひとつ「超えていく」を実践してみましょう。

例えば、職場にどうしても許せない嫌なやつがいるのであれば、自分の得意分野で頭角を現すほどに成績を上げて相手を立場的に追い越し、自分自身が上司のポジションに就く——そういうイメージです。

怒りを原動力に変えることがすべてプラスに働くとは限りませんが、ただ悶々とした日々を過ごすよりは効果的ですし、もし成功すれば悩みも解決す

るうえにあなた自身もレベルアップができて、一石二鳥が実現できます。

以前、オリンピックで金メダルを獲得された某女子スケート選手の方が、苦しい実体験をバネに頑張ってきたという話を聞いたことがあります。子どものころから注目を浴びる選手だったので、時にはマスコミに事実無根のひどい記事を書かれて悔しい思いをしてきたそうです。

彼女がどうしたかというと、マスコミのやり方を徹底的に研究して、それを逆手に取りながら取材する側の気持ちを理解することに努めたといいます。

自分が抱くネガティブな感情を、逆に自分の能力を高めるために活用できたら儲けもの。

「ピンチはチャンス」とはよくいわれますが、悔しい感情を活かすも殺すも自分次第なのです。

○事実と妄想を区別しながら自分の感情を客観視する

心の中では、自分自身の経験だけでなく、親や周囲の人間からの刷り込みなど、あなた自身が持つ情報を基にして苦しみとなる妄想がつくられていきます。

瞑想とは自分のなかに取り入れた情報を、事実と妄想にはっきりと分けていく作業であり、そのなかで「自分が本当はどういった感情を抱いているのか」に気づくこと。


例えば、恋人がなかなか連絡をくれないことに腹を立てているという場合。これは怒りの感情のように見えますが、自分の心と向き合って考えてみると、本当は「もっと自分のことを気にかけてほしい」という、悲しみやさみしさの感情が根底にあったりします。


感情は生まれては消え、ものごとが絶え間なく動き続けることで自分自身の認識も目まぐるしく変化していくでしょう。

私たちは五感だけでなく、なにかが心に触れることでも〝生きている〟と強烈に実感する生きものです。

それが善い感情であれ、悪い感情であれ、その両方にしっかりと向き合いながら、自分の心の移ろいに気づき続けていくことが大切なのです。

座禅を組まなくても瞑想はできる

瞑想をする際に、どのようにして「集中」「観察」「気づき」の３つを行うべきか。その方法論はさまざまです。

仏教でも〝瞑想のやり方〟については重要視されています。

最終的には自分の心をしっかりと制御することが目標となりますが、まずは私見ではなく、正見《しょうけん》でものごとをとらえられるようになることが大切です。

正見とは、存在や現象をありのままに見ることです。

私たちはものごとを自分の思い込みなどでねじ曲げてとらえてしまいがちで、なかなか現実をありのままに正しく認識することができません。

それぞれに「自分フィルター」を通して世の中を見ているわけで、そこに

は当然違いが生じます。それなのに、自分が見ていること、自分が感じていることが、正しいことであり、それがあたかも「客観的なもの」だと思い込んでしまう。

このズレがあることを認識できないと、お互いの考え方の違いが理解できず、争いやいざこざが生まれてしまうのです。

そうならないためには、真理を見極める認識力――すなわち智慧が求められます。

この智慧を開くために行うことが瞑想にほかならないのですが、瞑想を行いやすい環境そのものを整えることも、方法論として併せて提唱されてきました。

それはいわゆる「戒律」と呼ばれるもので、例えば渋谷のセンター街の真ん中で「瞑想しなさい」と言われても、さすがに騒々しくて集中できませんよね。自分の心に集中し、まじまじと自分自身を省みるためには、さまざまな刺激が五感に飛び込んでくるような状況は極力避けなければなりません。

みなさんも仕事や勉強をしなければならないときに、ついついネットサーフィンしてしまったり、スマホでSNSをチェックしたりしていませんか?

自分自身の心が、あっちに行ったり、こっちに行ったり……。

思い当たるフシがあれば、揺らぎにくい環境を整えることの必要性を充分に理解していただけるでしょう。

どのような食事、どのような生活、どのようにして一日を送れば瞑想しやすい状態がつくられるのか。

それこそ衣食住を含めた生活サイクルから見直していくことが仏教の戒律であり、お寺でライフスタイルそのものを提供する瞑想が、私も勧めている「テンプルステイ」と呼ばれるひとつの方法なのです。

現代に通ずる無意識を鍛えるトレーニング

五感を通じて、体の中に取り入れた情報を、自分でどのように解釈していくか。

そのプロセスを追いかけることこそが修行なのです。

はるか昔のインドで修行僧たちが行っていたことをまとめた『清浄道論《しょうじょうどうろん》』という一冊の本があります。そのなかから、当時のトレーニング法を少しご紹介しましょう。


現代では人が死ぬと丁寧にお葬式をして埋葬することが当たり前となっていますが、昔のインドでは山に遺体がそのまま捨てられていることが珍しくありませんでした。

そこで修行の一環として、山へと赴き、転がっている死体が腐敗していく様子を延々と見つめるということが行われていました。

ちょっと信じられないかもしれませんが、これもまた瞑想方法のひとつとして数えられるのです。

腐敗していく様を眺めながら「**自分がどういう心境になるのか？**」を**自分自身で観察する**――私たちが想像する瞑想とはかけ離れていますが、集中するための技法は無数にあり、このように狂気じみたものも多々ありました。

さすがに死体の観察は現代では成し得ない瞑想方法ですが、じつはその意図するところは、私たちの日常にも引き継がれていたりします。

例えば、野球部ではノックといって何回も何回も走らせてはボールを取らせるポピュラーな守備練習があります。

これによって実践的な守備感覚を養う効果があるとされていますが、ボールのバウンド、スローイングのタイミング、そういったものを**頭ではなく体で反射的に行えるように反復訓練させている**わけです。

仏道修行もまさに同じで、善き選択をしたり、善き言葉を話したり、善き行いをしたり――無意識でも善き生き方ができるように稽古をすることなので、スポーツや料理などと同じように、無意識でも体が動くような心のトレーニングをしているにすぎません。

仏教はなにか神秘的な体験をさせるわけではないのです。

むしろ、滝に打たれたり、何日も飲まず食わずで山中を歩き続けたり、超越的な強さを身につけたかのように錯覚させたりする行いを、ブッダは苦行として否定しました。

そういった行為自体が間違っているとまではいいませんが、「そんなことをしたところで覚りは開けない」というのがブッダの考えであり、私も「座禅を組むことが瞑想ではない」「カタチだけ座禅をしたところでなにも変わりません」とはつねづね申し上げています。

逆に、座禅という形式にこだわりすぎず、自分の心に集中する方法を自分なりに見つけていけばよいと思うのです。

マインドフルネスも本質を間違えれば落とし穴となる

みなさんはお坊さんに対して、ありがたいお話をしてくれる人――そんなイメージをお持ちではないでしょうか？

法事のときに説法を聞いたことがある方は多いと思いますが、時には企業の講演会などに呼ばれてお話をすることも珍しくありません。

私自身もそういった機会をいただいてお話ししたり、YouTubeで『大愚和尚の一問一答』というコンテンツを設けたり、みなさんの悩みに少しでも答えられるように努めている次第です。

ただし、なんでもかんでも無作為にお受けしているわけではありません。

仏教の瞑想と関連づけて「マインドフルネスを教えてください！」という依頼をいただくことがたびたびありますが、私は丁重にお断りしています。

なぜかというと、単なるハウツーとして「マインドフルネス」を学ぶことには危険性があると考えているからです。

○「うわべだけの模倣」は悪循環を生む

「マインドフルネスを教えてほしい」というオファーには、「社員のストレスを軽減させるためのツール」として瞑想を利用しようとする企業側の意図が見え隠れしています。

かつて依頼をいただいた企業に足を運んだことがありましたが、そもそも会社の在り方や、働き方のしくみ自体が社員にストレスを与えている――その現実を目の当たりにして恐怖を覚えました。

「ストレスを感じない社員にしてくれ」

「社員の心を麻痺させてくれ」

そのようにすら聞こえてしまいます。

そのような職場に必要なのは、マインドフルネス云々ではなく、社員がストレスを溜めずに働けるような環境づくりや根本的な経営改革でしょう。

あまり良い例えではありませんが、これではDVを受けている被害者に対して、**加害者側が「この人にDVの苦しみを感じさせないようにしてください」と私に依頼しているようなもの**です。

悪名高い新興宗教などでは、DVのような被害ですら指導と称しているようですが、それこそカリスマ的な指導者がいると「私はあなたのためを思って指導のために叩いているんだよ」などと言い出すわけです。

このような思想の持ち方は非常に危険です。

日本では「自己責任」という言葉がひとり歩きする風潮もあり、マインドコントロールひとつをとっても「騙されるほうが悪い」という考えが根強い傾向にあります。

マインドフルネスに限らず瞑想ブームが起こると、大半がものごとの表面だけを見て真似をしたがる傾向にあり、その本質まで探究しようとする人は残念ながらほとんどいません。しかし、うわべだけをなぞっても根本的な解決にはならないのです。

先ほどの企業などの例も悪気があるわけではないのかもしれませんが、社員の環境や働き方を見直していくのではなく、**本質をとらえずに「今、流行りのマインドフルネスを教えてください！」とかたちばかりを優先させることに問題がある**ということです。

もともと瞑想というのは集中してものごとの本質に気づくことでもあるので、そこを理解せずにただのツールとして模倣していたら、悪い方向へと導かれてしまうことはいうまでもないでしょう。

感情の「見える化」が平常心を手に入れるカギ

本書ではこれまで、感情とは心で生まれ、心で感じるものとお話ししてきました。

それは間違ってはいないのですが、じつは心以外にも感情を生じさせる源が存在します。最後に少しだけ、そこについて説明しておきたいと思います。

その源とは、体です。**私たちは、ものごとをどう受け止めたか、どう認識したかによって、体の状態が変わります。** とくに筋肉の動きは敏感です。

例えば日本語で「感動した」という言葉は、英語に訳すと「I'm touched」となります。感動したときは「touch」、すなわち「触れられた」という表現が用いられるんです。これは、私たちの心になにかが触れたという肉体感覚から出てくる言葉なんですね。

英語圏の人々に仏教徒は少ないかもしれませんが、体が感情を生み出すひとつの要因になっていることに関しては、同じ感覚を持っているということでしょう。

極限まで空腹になるとイライラしてきたり、なかなか眠れないと不安になったりする、というのも同じことです。

修行を積むと、心の中で起きている感情の変化を、体で知ることができるようになります。私は仏道修行に加え、空手に打ち込み、15年ほど整体師として活動していた経験もあるため、「心の動きが体に表れる」ことが、それこそ肌感覚でわかります。

体よりも心のほうを重視している、というより、心のみに目を向けているお坊さんが多いので、体のことにはあまり触れない説法が一般的ですが、私の場合は違います。

「仏教は言葉で説明するよりも体で説明したほうが早いね」

このようなフレーズは、これまで何度も口にしてきました。

毎月1回、全国各地（一部海外）で開催しているブッダの教えを体感で学ぶことを目的とした『大愚道場』では、体に意識を向けて仏教を説いていくというスタイルを採用しています。

そして、おおいに好評をいただいております。

肉体を持たないものは感情も持っていません。

これはつまり、両者は密接に関わっているということの証拠なのです。

○理想は言葉と体で同時に学ぶこと

この〝体感〟は経験を積んで育てていくしかなく、いくら言葉で理解しようとしてもできるものではありません。

それゆえ本でお伝えするのはなかなか難しいテーマだと思いましたので、最後のパートで補足として触れさせていただいた次第です。

この感覚を身近なものに例えるのなら、プロ野球選手がホームランを打つような感覚でしょうか。バットの芯にボールがカーンと当たって、ビューンと飛んでいくときの感覚は、プロの世界でホームランを打ったことがない人にはわからないといわれますよね。

指導力に長けているといわれる元プロ野球選手のような人が、いくら丁寧に説明してくれたとしても、私たち野球の素人には伝わらないと思います。

野球少年や高校球児であっても、プロ野球選手が知る〝体感〟を、同じレベルで習得するのは難しいのではないでしょうか。


仏教にはそういう側面もありますので、理想をいうならば、言葉と同時に体でも学んでいくことを実践していただきたいです。言葉で理解したことを体感することによって、さらに理解が深まりますから。

心や体の動きをとらえ、感情の「見える化」に成功すれば、平常心を保つことができ、感情をコントロールしていく技術が高まります。

心のマスターになるためには不可欠な要素ですので、興味のある方は、写経や瞑想だけでなく、体を使った修行体験を実施しているお寺をぜひ訪ねてみてください。

もちろん、『大愚道場』にご参加いただくのは大歓迎です！

おわりに

世の中には、自然現象など、自分の努力ではどうにもならないことと、自分の努力次第で変えられることがあります。

自分の努力ではどうにもならないことは、受け入れるしかありません。

しかしながら、自分の努力で変えられることは、変えたほうがいい。なぜなら、そのほうがずっと生きやすくなるからです。

お金、仕事、人間関係、健康状態などは、自分の努力で変えていくこと、改善していくことが可能です。そして、あなたの「心」もそうです。

あなたは、「祈り」という言葉にどんなイメージをお持ちでしょうか。

古今東西、人々はなにかに行き詰まると、神仏に祈りを捧げてきました。

そのようなことから、神様や仏様が自分の望みをかなえてくれるように、嘆願することだと考える方は多いかもしれません。

この言葉の語源には諸説ありますが、そのひとつは「意《い》を宣《の》る」というもの。「自分はこうしたい、こうありたい、こうなりたいのだ」という、未来に向けての自分の意志や意図を自分自身に対して宣言することであるといわれています。

「いのる＝自分の想いを宣言する」ことによって、他力本願ではなく、自分で決めたこと、目指すこと、実現したいことを自分の力で成し遂げていくことにつなげていくのです。すなわち「祈り」とは、神様や仏様に向かって「〇〇をかなえてください」「〇〇になりますように」とすがるのではなく、「私は〇〇を実現します」と宣言する行為なのです。

この「祈り」を忘れないで生きるということは、とても大切な姿勢だと思います。なにかに絶望して、なにかを祈るとき、たとえそれが思い描いていたとおりにならなかったとしても、そこに怒りはありません。

自分自身で「こうありたい」と宣言し、自分ができることを精一杯やるということなので、後悔や誰かに対する責任転嫁もありません。この、非常に潔い生き方が、「祈り」というものなのです。

決して、弱々しく神様に「なんとかしてください」と頼るものではない――

仏教の祈りとは、そのようなものだとお考えいただければと思います。


本書でお伝えしてきた仏教の考え方は、まさにこれからの日本にとって、とても重要なことであると考えます。私も勉強と修行の日々を送っていますが、仏教の教えを知れば知るほど、世の中の人の誰もが「こんな生き方ができたら人生がラクになるだろうな」「こんな人間になれたら今よりも格段に生きやすくなるのだろうな」と感じます。

もちろん、そのような状態に到達するためには、訓練や練習が必要になりますが、そのステップも含めて、非常に効率的に体系化されているのが仏教だと思うのです。

仏教に対する考え方は人によってさまざまなので、学者の方などからすると「この解釈は間違っている」と指摘したくなるような部分もあるかもしれませんが、本書では私なりに考えたこと、感じたことをできるだけわかりやすい言葉でお伝えしてきました。

人生とは、つらく苦しいものです。

生きることには、つねに苦しみが伴います。

それでも、そんな日々を少しでも明るく、楽しく、おだやかに過ごしていくための方法はあります。

私がお伝えした考え方は、「これが絶対だ」というものではありません。「合わないな」と思われた方は、自分に合うものを探していけばよいでしょう。

でももし、「やってみよう」「自分に合いそうだ」と思われたのなら、ぜひ、試してみてください。


本書をお読みくださったあなたが、自分の「心の壁」を乗り超え、抱えている悩みや苦しみを少しでも手放し、あなたにとって幸せだと思える人生を歩んでくださることを心から願っております。

大愚元勝

巻末付録

25の善心所と13の同他心所

ブッダの十大弟子の一人であるアヌルッダによれば、仏教が説く心所は全部で52あるとされます。本書では14の不善心所（マイナスの感情）に焦点を当ててきましたが、それ以外にも、これとは正反対の位置づけとなる25の善心所と、心の持ち方の基本である13の同他心所が存在しますので、巻末付録というかたちで簡単に紹介させていただきます。

25の善心所

❶ 信《しん》（サッダー）

理性によって正しい判断をしたときに得られる確信。経験による裏づけがあり、自分で考えて納得したことが信で、自分の行為に確信と責任をもつこと。他人の考えを妄目的に信じてしまうのは、痴なので悪行為となる。

2

念《ねん》（サティ）

「気づき」のこと。過去や未来への妄想をやめて、「今ここ」に気づいていること。また、私たちの身口意《しんくい》（行動、言葉、思考や感情）は望ましいものも、望ましくないものも習慣化されており、ほぼ無意識的にそれらを行っている。望ましくない身口意に「気づく」ことで失敗や衝突を減らすことができる。

3

慚《ざん》（ヒリ）

恥ずかしいこと、みっともないこと、かっこ悪いことを恥じる気持ち。また、そうした行為をしないという意志のこと。

4

愧《き》（オッタッパ）

悪いことを恐れる気持ち。また、悪い状況をつくらないように努める意志。慚と愧はセットになって私たちの行動を管理していることから、

2つを併せて「慚愧《ざんき》」ともいう。この2つがあることで、悪いことをしないよう思いとどまることができる（なければ人間は歯止めが利かなくなってしまう）。

5 無貪《むとん》（アローバ）

自分だけで金品、知識、地位、快楽などを際限なく求めようとする欲を手放すこと。幸せを分かち合うこと、見返りを求めずに施しを与えること。施せば施すほど、貪から離れ、心が柔軟に、強く、自由になる。

6 無瞋《むしん》（アドーサ）

どんな生命に対しても、慈しむ気持ちをもち、怒りの感情を減らそうとする意志。無瞋を育てると、たとえ相手からひどいことをされても、落ち着いていることができる。コツは、相手を好き嫌いで判断せず、自分自身が優しい気持ちでいること。

7 中捨《ちゅうしゃ》（タトラマッジャッタター）

冷静で平安な心構えを保つこと。客観的な態度、中立的な立場を取ること。中捨の心所を育てるコツは、見返りを期待しないこと。中捨の心所が育つと、おだやかで優しい気持ちになる。すべての生命に平等に接することができるようになる。

8 身軽安《しんきょうあん》（カーヤッパッサッディ）

身体が安らぎ、リラックスしている状態のこと。自然体。心軽安（精神）と対をなす心所でもあり、身軽安であると、精神にも良い影響を与える。

9 心軽安《しんきょうあん》（チッタッパッサディ）

精神が安らぎ、リラックスしている状態のこと。身軽安とペアで成り立つ心所でもあり、心軽安であると、身体にも良い影響を与える。

10 身《しん》軽《けい》快《かい》性《しょう》（カーヤラフター）

身軽安は、身体が安らぎ、リラックスした状態を表すが、身軽快性は元気ハツラツで、行動的な状態を指す。

11 心《しん》軽《けい》快《かい》性《しょう》（チッタラフター）

心軽安は、精神が安らぎ、リラックスした状態を表すが、心軽快性は、明るく、活き活きと楽しんでいる状態を指す。

12 身《しん》柔《にゅう》軟《なん》性《しょう》（カーヤムドゥター）

身体に凝りや痛みがなく、柔軟であること。高いパフォーマンスを発揮するスポーツ選手に共通するのは、身体能力の高さと柔軟性の高さ。成長するためには、竹のようなしなやかさが必要。

13 心《しん》柔《にゅう》軟《なん》性《しょう》（チッタムドゥター）

頑固の反対。心が環境変化に応じる働きのこと。水は器の形に合わせて柔軟にその姿を変える。状況に合わせて柔軟に適応できる人は、生きやすく、どんどん成長する。

14

身《しん》適《てき》合《ごう》性《しょう》（カーヤカンマンニャター）

行動に適している状態。すぐに次の行動に移れる準備がある状態。身体が機能的かつ行動的に活発な状態のことを指す。

15

心《しん》適《てき》合《ごう》性《しょう》（チッタカンマンニャター）

武術の達人が「どこからでもかかってきなさい」というときの心理状態。自分の役割、やるべきことができる状態。仕事でも、スポーツでも、真に優秀な人は心身の柔軟性だけでなく、適合性にも優れている。

16

身《しん》練《れん》達《たっ》性《しょう》（カーヤパーグンニャター）

練達性とは、「熟練している」という意味。成功に向けて「なにをなすべきか」を知り、逆算して練習済みとなっている状態。成功は適合性と練達性によって可能となる。どんな分野でも、プロフェッショナルと称される人たちは、「適合性」と「身練達性」を兼ね備えている。

17 心練達性《しんれんたつしょう》（チッタパーグンニャター）

あるものごとに対して心身が習熟した状態にあると、その分野のあらゆる事象に適応できるようになる。練習の積み重ねによって、心練達性を成長させることができる。「心練達性」は「身練達性」とともに成長する。

18 身端直性《しんたんちょくしょう》（カーユジュカター）

諦めずにやり遂げる強さがあること、行動に芯が通っていることを「身端直性」という。目的を遂行する際に、心が揺れたり、優柔不断になったりしない状態で、嫌々ながらではなく、「よし、やろう!」と主体的に取り組む姿勢のこと。

19 心端直性《しんたんちょくしょう》（チットゥジュカター）

諦めない心。不屈の精神。いくら失敗してもめげない気持ちのこと。これは柔軟性とともに人の成長には欠かせない心所となる。

20 正語《しょうご》（サンマーヴァーチャー）

仏教では、嘘や陰口、きつく荒々しい言葉、無駄話を戒めているが、そういった悪語から離れる働きを「正語」という。脳は自分が他人に発した言葉か、他人から受け取った言葉かを区別できず、悪語によってダメージを受けてしまう。だから、他人の悪語に影響されず、自分の言葉は、自分自身で巧みに操ることを心がけるべきである。

21 正業《しょうごう》（サンマーカンマンタ）

業とは身体で行う行為のこと。正業とは、「正しい行いをする」という意味。自分にも他人にも、社会にも害にならない行いをすることが正業。自分で自分の行動に責任を持ち、人生が不幸になるような行動をしてはいけない。

22 正命《しょうみょう》（サンマーアージーヴァ）

正命とは、命をつなぐ行為（仕事）のこと。いくら生きるためとはいえ、自分の命にも、ほかの命にも害を与える、迷惑をかけるような仕事はしないほうがいい。なぜなら、一時的に儲かったとしても、長い目で見ると心が清らかではいられなくなるから。ブッダは、殺生、偸盗《ちゅうとう》、邪淫《じゃいん》、悪語、武器の製造販売、酒や麻薬の製造販売、生き物の売買などを戒めた。

23 悲《ひ》（カルナー）

他人の苦悩を感じられること。ほかの命の苦悩を助けようとするエネルギーのこと。思いやりの心を育てる心所が「悲」。悲の心所が育つと、心身がエネルギーに満ちて健康になる。

24 喜《き》（ムディター）

他人の善きところ、幸福を喜ぶこと。例えば、友達が「昇進した」「結婚した」「子どもができた」など、他人に善いことがあると、自分も嬉しくなってしまう心。簡単なようでいて、自分と比較したり、嫉妬したりしてしまうため、なかなか難しい。

25

慧根《えこん》（パンニンドゥリヤ）

仏教のなかでもいちばん大切にされている心所。主観や妄想ではなく、ものごとを客観的に、ありのままに認識する力。智慧が備わることによって、ほかのすべての心所が正しく動くようになる。智慧を育てる練習を修行と呼ぶ。仏教とは、苦の原因である執着を離れ、ものごとをありのままに認識する、智慧を育てるための実践練習法である。

13の同他心所

心の基本的な働きとなる共通心所（心の土台となる7つの働き）に、雑心所（すべての心に生じるわけではない6つの働き）が加わることで、私たちがものごとを「認識」するメカニズムが明確になります。

1 触《そく》（パッサ）

心が対象に触れる働きのこと。「眼」「耳」「鼻」「舌」「身」「意（心）」の6つの感覚器官が、それぞれ眼は色や形、耳は音、鼻は香り、舌は味、身は熱や硬さ、意（心）は法（概念）に触れることによって、心も対象に触れる（認識する）。

2 受《じゅ》（ヴェーダー）

触れたものを感じとる働きのこと。触れたとしても感じさえしなければ、そこに認識は生まれない。好きな音楽に耳が触れると嬉しくなり、嫌いな人に目が触れると不快になるというようなもの。

3 想《そう》（サンニャー）

認識する対象をほかのものと区別する働きのこと。想とは、言葉になる以前に受ける印象のようなもの。例えば、桜と紅葉を見た瞬間に区別したり、木にぶら下がっている丸くて赤い果実を「りんご」だと区別したりするような、言葉になる前の「これはこういうものだ」という概念。

4 志《し》（チェータナー）

行動を起こさせる精神の働き、瞬間的に生まれる意志のこと。人間は心で思ったことを行動に表すが、すべての行動は自分の意志で決められている。意志とは、心の中に思い浮かべた「なにかをしようとする考え」のこと。志のなかでも弱いものを「意思（intention）」、強いものを「意志（will）」と呼ぶ。

5

一境性《いっきょうしょう》（エーカッガター）

対象に集中し、ひとつになること。「眼」「耳」「鼻」「舌」「身」「意（心）」の6つの感覚器官が、それぞれ「見る」「聞く」「嗅ぐ」「味わう」「触れる」「考える」瞬間に、心身が対象とひとつになること。集中力とは異なり、心が次々と好き勝手にさまざまな対象を瞬間的にフォーカスし続けている状態のこと。これを育てれば集中力となり、うまく育てられないと意識が散漫になる。

6

命根《みょうこん》（ジーヴィティンドリヤ）

心が刻々と生滅して変化する働きのこと。仏教では、すべてを物質的なものと精神的なものとに分けて考える。物質的なものである身体の生命エネルギーを「命色（みょうしき）」、精神的なものを「命根（みょうこん）」と呼んでいる。生きるとは、新陳代謝をくり返し、細胞レベルで生滅をくり返すこと。それが止まれば死が訪れる。心もその時々で一瞬の命をもち、生滅変化をくり返しているということ。「命根」とは、この瞬間的に心が生きている働きのこと。

7 作意《さい》（マナシカーラ）

「なんだろう？」「遊びに行こう！」「買い物をしなきゃ」など、心は印象が強い対象のほうへと向くもの。「作意」とは、その心を作動させる働きのこと。多くの人は心所の認識に流されて生きているため、自分の意志でしっかりと生きているわけではない。ブッダは「自分の意志でしっかり生きなさい」「心を自己コントロールすることで自由に生きられる」と説いている。

8 尋《じん》（ヴィタッカ）

対象を即座に区別して認識する情報処理能力のこと。「これはなんだろう？」「あれ、なんの音だろう？」など、「尋」はものごとを認識するときに働く瞬間的な論理作用。はっきりしていることや、気にしていないことであれば、そこに尋は生じない。

9 伺《し》（ヴィチャーラ）

対象について考える働きのこと。前項の「尋」とセットで「伺」も働いている。「これはなに？」「蝶々だ」と認識することが尋だとすれば、伺は「この蝶々は見たことがないなぁ？」などと対象に感情を抱いたときに強く働く。つまり、ものごとを明確に理解したいときに働く心所。

10 勝結《しょうけつ》（アディモッカ）

なにかが「どうしても気になる」という心所で、集中力にも執着にもなる。「この問題を解決したい」「あの人はなんであんなことを言ったんだろう？」「新しい車の納車が待ち遠しい」「あの子はどこに住んでいるんだろう？」など、善くも悪くも対象から心が離れない働きのことをいう。

11

精進《しょうじん》（ヴィリヤ）

目的に向かって頑張るエネルギーであり、努力する働きのこと。人間は貪・瞋・痴の三毒によって煩悩に流されやすく、不自由かつ目標達成がしづらい状態にある。精進が育つと「こうしよう」という考えがブレなくなるので、自由かつ目標達成もしやすくなる。ただし、物質的な方向への精進ばかりが強く、心を清らかにする精神的な精進を怠っていると、それが苦しみのループを生んでしまうことになる。

12

喜《き》（ピーティ）

「おいしいなぁ」「嬉しいなぁ」「楽しいなぁ」など、生きる原動力となる喜びのこと。この喜びがあるから人は努力する。しかし、五感から得る喜びには限界があり、身体の感覚器官は刺激が続くと麻痺してしまう。最初はおいしさに感動したような食事でも、何度も食べているとだんだん飽きてしまう。時間やお金をかけて五感への刺激を次々に求めなくても、自分がふだん生活している環境のなかで喜びは充分に感じ取れるものである。

13 意《い》欲《よく》（チャンダ）

やる気やエネルギー、行動を起こす働きのこと。この心所が弱くなると行動ができなくなる。そして、意欲は善きことばかりに働くわけではなく、悪しきことに対しても働いてしまう。修行とは、悪いことをしようとする意欲をなくし、「人格を成長させたい！」という意欲を育てること。意欲を育てれば、やりたいことがどんどんできるようになっていく。

大愚 元勝（たいぐ・げんしょう）

佛心宗大叢山福厳寺住職。慈光グループ会長。

僧名「大愚」は、何にもとらわれない自由な境地を表す。駒澤大学、曹洞宗大本山總持寺を経て、愛知学院大学大学院にて文学修士を取得。僧侶・事業家・作家・講演家・セラピスト・空手家と6つの顔を持ち、「僧にあらず俗にあらず」を体現する異色の僧侶。また、過食、拒食、リストカットを繰り返す少女の母親からの相談をきっかけに始めた、YouTubeのお悩み相談チャンネル「大愚和尚の一問一答」は、登録者57万人を超える。令和元年には、仏教の本質に立ち返り、「慈悲心、知恵、仏性を育む」ことを宗旨とする佛心宗を興し、新たなスタートを切る。主な著書に『苦しみの手放し方』（ダイヤモンド社）、『ひとりの「さみしさ」とうまくやる本』（興陽館）、『これでは、不幸まっしぐら』（佼成出版社）、『苦しい心が軽くなる 思いを手放すことば』（KADOKAWA）などがある。

自分という壁
自分の心に振り回されない29の方法

発行日　2023年 4 月12日　第 1 刷
発行日　2023年 6 月 9 日　第 3 刷

著者　大愚 元勝

本書プロジェクトチーム
編集統括　柿内尚文
編集担当　村上芳子
編集協力　岡田大、新谷和寛
デザイン　小口翔平＋奈良岡菜摘（tobufune）
イラスト　くにともゆかり
DTP　藤田ひかる（ユニオンワークス）
校正　東京出版サービスセンター

営業統括　丸山敏生
営業推進　増尾友裕、綱脇愛、桐山敦子、相澤いづみ、寺内未来子
販売促進　池田孝一郎、石井耕平、熊切絵理、菊山清佳、山口瑞穂、吉村寿美子、矢橋寛子、遠藤真知子、森田真紀、氏家和佳子
プロモーション　山田美恵、山口朋枝

編集　小林英史、栗田亘、大住兼正、菊地貴広、山田吉之、大西志帆、福田麻衣
講演・マネジメント事業　斎藤和佳、志水公美
メディア開発　池田剛、中山景、中村悟志、長野太介、入江翔子
管理部　早坂裕子、生越こずえ、本間美咲、金井昭彦
マネジメント　坂下毅
発行人　高橋克佳

発行所　株式会社アスコム

〒105-0003
東京都港区西新橋2-23-1　3東洋海事ビル
編集局　TEL：03-5425-6627
営業局　TEL：03-5425-6626　FAX：03-5425-6770

印刷・製本　株式会社光邦

Printed in Japan ISBN 978-4-7762-1226-3

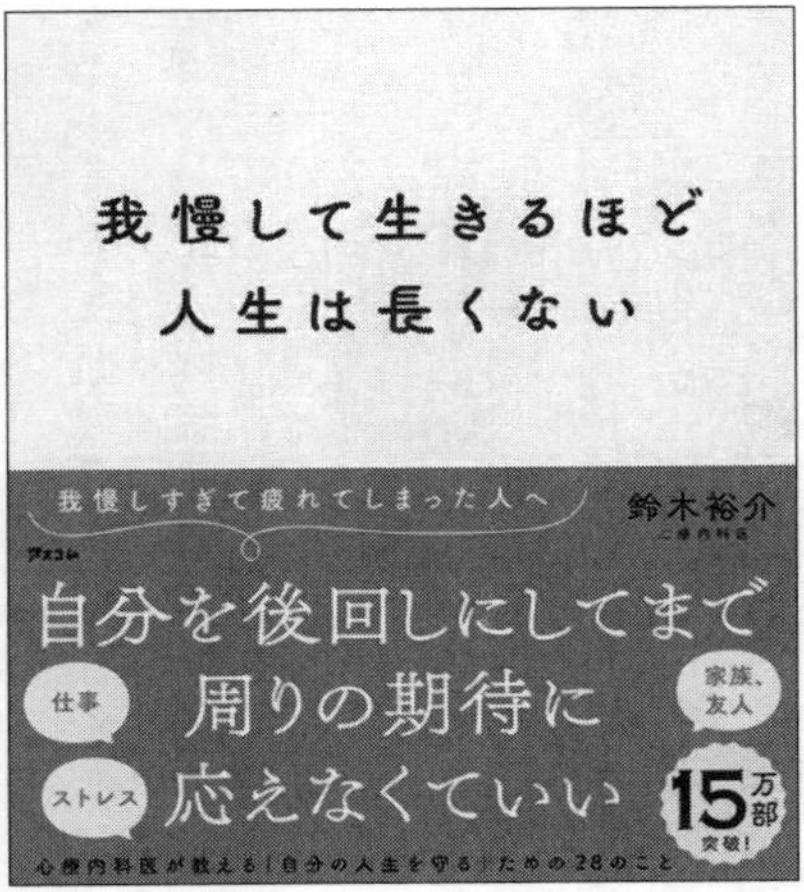

ベストセラー!
15万部
突破!

我慢して生きるほど
人生は長くない

医師
鈴木裕介

A5判変型　定価1,430円
（本体 1,300円＋税10%）

「嫌なものからは逃げていい」
「他人の顔色は気にしない」
心の痛みをとり、穏やかに生きる方法

- 無理して人に合わせてボロボロでしたが、
  本を読んで心が楽になりました。
- 自己肯定感が低く、悩んでいましたが、
  今ここから変わろうと思えました。

など、「涙があふれた」と感動の声、続々!

お求めは書店で。お近くにない場合は、ブックサービス ☎0120-29-9625までご注文ください。
アスコム公式サイト http://www.ascom-inc.jp/からも、お求めになれます。